集英社新書ノンフィクション

奇食珍食 糞便録

椎名 誠
Shiina Makoto

目次

第一章　世界糞便録

勇気をもって「糞便」の話をしようじゃないか
ニーハオトイレで「連れ糞」体験
敦煌の「便所屋さん」
モヨオシている人の殺気
紙で尻を拭くのは人間のみ
タクラマカン砂漠を舞うピンクウサギ
便所中の「うごめくもの」
あっぱれ！　天上天下開放のチベット
カギなし個室の謎
聖地カイラスでの排便
日本の公衆便所を誇る！
ぼくが望む排便フィニッシュワーク
インドの水洗トイレ事情
腰巻き文化圏の「すわりしょんべん」

空港トイレにあらわれる男の正体
あらゆる動物は糞便姿勢がいちばん危険
ベトナムの正しい「カワヤ」
メコン川で考える「世界の水問題」
サナダムシを体に宿す方法
サナダムシを駆除する方法
アザラシの腸の「いい寄生虫」
アマゾンの肉食いナマズの「小便登り」

第二章 奇食珍食

人間はどんなものまで食えるのか
コブラサンドができるまで
タイで見た「大蛇版」刺し身の舟盛り
バカヤロ的にまずかった「旬の味」
「毒蛇村」の主食はワニとアルマジロ

本書は「東京スポーツ」の連載「椎名誠　風雲ねじれ話」内の「世界糞便録」「奇食珍食」（二〇一二年〜二〇一四年）を加筆・修正したものである。

写真／椎名　誠
イラスト／沢野ひとし

第一章　世界糞便録

勇気をもって「糞便《ふんべん》」の話をしようじゃないか

ぼくがいちばん嫌いな言葉は「グルメ」というやつだ。男で「ぼくはグルメだから」なんていうやつがいたら、ただちに殴っていいのだ。人間はなにかモノを食わないと生きていけないからだろうが、世の中は「うまい食い物」の情報であふれている。もっというとあふれすぎている。そのなかでさらに「よりうまいものを」などという行動に走る人がいっぱいいる。

でも人間は食ったものを出さねばならない。全部でなくて栄養を抜かれた残滓《ざんし》だ。つまり糞《くそ》だ。これが出ないとたいへん苦しいことになる。もし「ひとひり」も出なくなってしまったら生きていくのが辛《つら》くなる。さらに出したいときにどこで出すか、ということも重要な問題だ。

その点、食うほうも出すほうも、日本はたぶん世界一といっていいくらいめぐまれた環境にいるから、明日食うものがなにもない、とか、明日自分が排便する場所が明確に決まっていない、という気の毒な境遇にいる人は、世界の標準レベルからいうと非常に少ない。路上で飢え死にしている人はめったにいないし、路上で糞をしている人も、まあ、まず見ない。これは世界でも本当に「めぐまれた環境」にいるといっていい。だから「グルメ」とかなんとかいった話が氾濫《はんらん》しているわりに「糞便」の話や情報が極端に少ないのだろう。みんな危機感がないのだ。ぼくはとてもそれが気になる。

国によっては、「今日はどこそこの谷の入り口がやりいい」とか「二股枝の大木のうろのへんが快適」なんていうのが朝の最初の会話だったりする国もある。それをすませてからその日自分が食えるものはなにかということを考える。これまで実際にそういう国をいくつも旅してきた。だからこの本では主に自分の体験を中心にして、そういう分野の話を集中して書いていくことにする。

日本の便所は世界一優秀だ。これは先進諸国のなかでも一、二位を争える。早くからインフラとそれを維持する技術、管理行政が行き届いていたからだろう。それとなんだかんだいっても日本人はそのあたりのマナーが一流だ。独特の「はじらい」「羞恥心」をもった文化が育んでいったといってもいいだろう。世界を旅していて「異文化性」をいちばん感じるのはそのあたりのことだ。

例えば躍進著しい中国。ここは世界でもきわめて稀《まれ》な「開放便所」が現存している国だ。解放ではないですよ。オールオープン。公衆便所（公厠という）にいくと、みんなしゃがみ姿剝《む》きだしでやっている。一九八〇年代は隣とのしきりもなかったが、最近は高さ四十センチぐらいのしきりのあるところが増えてきた。しかしドアはないから、前方は丸見えである。

別名「ニーハオトイレ」。

「ニーハオ」（こんにちは）。

ありていにいうと、向かい側や隣で糞をしている人々が話をしながらコトに及んでいるのだ。いろんなところでそういう便所に入ったが、けっこう本当になにか会話している。言葉はわからないが「どうですか？　今日の出ぐあいは」なんて聞いているのかもしれない。

彼らは生まれたときからそういう仕組みのなかにいるから、大勢で顔を合わせながら糞便をする、という、我々にとってはいささか尻込み（！）するような状況に、驚くほどあっさりとなんの違和感ももっていないようなのだ。

ニーハオトイレで「連れ糞」体験

その世界最強（最凶）便所大国、中国の上海《シャンハイ》に初めていったのは一九八一年のことだった。近代化へ急ピッチのころで、工場は三交代制の二十四時間操業。飛行機が到着した早朝六時には、徹夜あけの工員が灰色の人民服を着て、電力統制でまだほとんど店もあいていない街をぶらぶら歩いていた。外を目的もなく歩き回るしかない、という背景があった。公園にいくとベンチで若い男女がひしと抱き合っている。ベンチが足りず、ひとつのベンチに三組のカップルが抱き合って早朝からキスなんかしている。なんちゅうフシダラな、と最初は思ったが、当時の中国にはラブホテルなどもなく、自宅に自室などなく、朝に仕事があけるカップルはそういうところで「愛」を確かめ合うしか方法がなかったのだ。

上海は鉄道にのって敦煌《とんこう》にいく旅の出発地だった。中国にくわしい人に、例のニーハオトイレの話を聞き、これからずっとそんな便所しかない、上海はまだいいほうで地方にいくにしたがって状況は凄《すご》いことになる、と聞いていたので上海人民公園の公衆便所へ大勢のなかで「排便」する練習にいった。連れションはしょっちゅうやってきたが、他人との「連れ糞」は当然初めてのことである。

複雑な思いでいってみると予想したとおり、なかは鼻三重曲がりぐらいの臭気でしかも汚い。薄暗いのがせめてもだった。全体はむかしの小・中学校の小便をする場所によく似ている。当然しきりも扉もなく、壁と足場のあいだに横向きに窪《くぼ》みがあって、そこに排便する、という「作法」が先客三名によってよくわかった。

ニーハオトイレといっても町内の公厠（顔みしりがつかうという点で銭湯のような馴染《なじ》み感覚もある）と違ってみんな他人だから、黙ってそれぞれの方法でやっている。『人民日報』を読んでいる者、タバコを吸っている者、虚空を睨《にら》んでいる者。世界の人が個室でやっているのと同じなのだ。

そこは公衆便所としてはわりあい条件がよく、二分に一回ぐらいの間隔で水が横向きに溝を流れる。溜《た》まった糞便をまとめて排出しているのだ。あとでわかるのだが、それだけでも相当「近代化」された便所だった。それでも臭いのは壁だの天井などにこびりついた積年の臭気なのだろう。

生まれて初めての「連れ糞」。まずズボンとパンツをおろしてしゃがむときには相当な羞恥心があった。でも二回目、三回目と体験を重ねていくうちに慣れて、羞恥心も薄れていく。みんな同じことをやっているのだから、恥ずかしがっていてもしょうがないのだ。そのようにして、これから出る永い旅のために心身ともに訓練しておいた。これに慣れないと、中国の旅は行動範囲がぐっと狭くなってしまうから大切なコトなのだ。

ついでながら当時の上海の空港や駅、デパートなどの便所も全部ニーハオトイレだった。中国人は、トイレとはそういうものなのだ、と思っているふうで、つまりはみんなどこでも「こともなげ」だった。

列車の便所だけは扉があって内側からカギがかかるようになっていた。排泄物《はいせつぶつ》はそのまま線路の真ん中の地面に落とすようになっている。だから、駅に着くと車掌は全部のトイレのカギをしめてしまった。そうでないと列車が去ったあと、駅のホームにいる人はいたるところで糞の山を見ることになるからだ。

敦煌の「便所屋さん」

それから中国へ何度も行くようになったが、どこも状況は変わらなかった。とくに地方都市は相変わらず開放便所そのままだ。二〇〇〇年代に入ってようやく空港トイレに個室ができるようになったが、管理が悪くすぐ水が止まってしまうのか個室のほうが強烈度を増しているようだった。これは二〇〇五年のことだ。

敦煌はシルクロードブームのときに一躍有名になり、いまは一大観光都市になっている。この街の真ん中に食堂市場のようなところがあって、食材を含めていろんなものを売っており、まわりに並んでいる小さな店で買ったばかりの食材を料理してくれる。

食堂市場でもあるから、当然便所が必要だが、ここの便所は有料であった。といっても二角（三円ぐらい）だが、便所の前にそのお金を徴収する係がいる。そしてこの便所は有料のくせに非常に汚く非常に臭い。上海人民公園のそれが鼻三重まがりとすると、そこは七重まがりだ。接近していくとすでに二十メートルぐらいのところで臭気の衝撃波のようなものにぶつかる。さらに近づいていくと重層化して腐敗したアンモニア系のものがそうさせるのか目がシバシバしてくる。

そして驚くべきは、その渦巻く臭気のなかに小さなテーブルを置いてお金を徴収する人が弁当を食べていることであった。

この国の人は世界でいちばんタフだ、とぼくはそのときつくづくそう思った。

街には民間人の経営する「厠《かわや》」がある。これはありていにいうと「便所屋さん」だ。その家の正面に便所があって、背後にその家の住居がある。日本風になぞらえると「お風呂屋さん」に近い。

貧しい家には便所などないところが多いから、この「便所屋さん」は必要不可欠なものなのだ。

けれど田舎にいくと個人委託ではない「公厠」があり、そのひどさといったらない。行政の掃除課のようなところが機能していないのか、掃除などもう何年もやっていない、というような状態がザラだった。便槽は山となった糞でもうとてもまたげない。土間に糞便があふれ、ビーチサンダルなどでいったら金輪際入れない。靴だって汚れるが、あとで洗うしかない。だからそういう厠のまわりにも糞便がいっぱい溜まっている。なかに入っていけないから外の壁のところですませてしまう人が多いのだ。

それというのもこういう厠の壁には必ず赤いペンキ文字で「野便厳禁、逮捕、罰金三十元」などと大書きされている。まわりに糞がいっぱいしてあるのは、便所のなかではないが、壁までできてやったのだからゆるしてもらいたい、というわけなのだろう。

そういう厠しかない村に泊まったことがあるが、宿はドミトリー形式。パイプのベッドが六つほど並んでいる。幸い窓にいちばん近いところにあきベッドがあったので、しめたとばかりそこを寝場所に決めた。ところがそれは大失敗であることにあとで気がついた。

窓は新聞紙が全面的に貼《は》ってありあかないようになっている。そうしてベッドにころがったころにわかってきたのは猛烈な小便の臭いだった。年季を経たアンモニア臭気の集積残滓といった臭いである。

やがて理由がわかった。その宿にも便所はなく村の厠までいかねばならないのだがこれがえらく遠く十分はかかる。しかも途中に獰猛《どうもう》な野良犬の群れが走り回っている。だから宿泊客は、ぼくのベッドのほうの窓の壁に小便をしているのだった。

そこは建築したときに予定外の傾斜がついてしまったようで、小便をすると一方の隅に流れていくようになっている。さすがに大便はなかったが、宿泊客はみんなそこにきて小便をしているのだった。その強烈臭気にもいつか慣れてしまい、やがて自分もそこに小便をしているのがやや悲しかった。

モヨオシている人の殺気

何度も中国にいっているうちにこうした全面開放便所でやることに慣れていった。人間というのはつくづくタフな動物だ。もっともそうでないと生きていけない。大勢の他人の目の前で大便なんてとてもできない、という人は、男でも女でも滞在中一切大便をしない、というもうひとつ別のタフな意志と能力があれば問題はない。

一九八八年に「日中共同楼蘭探検隊」に参加した。日頃は「怪しい探検隊」というそれこそあやしい集団をつくって日本の離島とか山の中などに乱入していたが、そのときは「正しい探検隊」だった。タクラマカン砂漠にある「さまよえる湖」ロプ・ノールと、流砂に埋もれた砂漠の王国としてシルクロードの要衝であった楼蘭にせまる旅だ。

むかしはラクダで一年ほどかけていったが、現代の探検は四輪駆動車で一ケ月。途中オアシスがあるとそこに泊まる。沢山の自動車の修理や人間の休養などで、三日ぐらいは滞在する。

「ミーラン」という大きなオアシスには数百人が住んでいた。招待所（宿）もあり、我々はそこで休めることになった。

ひとりにバケツ一杯の水が供された。まず目を洗い、顔を洗い、水をひたしたタオルで全身を拭《ぬぐ》い、頭を洗い、シャツなどを洗う。バケツ一杯の水でそれだけのことができる。久しぶりに「人間」に戻った気分だった。

風がここちいい。砂漠のなかを移動しているときは風はこまかい砂を巻きあげ、いきなりそれにさらされると目に入ったりしてつらいことになる。でもオアシスのなかに入るとそんなことにはならない。風は背の高いポプラの梢を揺らせる、目にやさしいものとなる。けれどオアシスというのがあんがいうるさいところだ、ということも知った。沢山の家畜がいる。豚、羊、ロバ、鶏などだ。これらが夜になると野性の本能からなのかやたら鳴きだす。犬は群れをつくってあちこち吠《ほ》えて走り回る。そこまでくる砂漠のテントで風の音だけ聞いていた夜とまったく違う。都会とは違う野性の夜の音の威力をつくづく知らされた。

もうひとつ、いささか根性を必要としたのは便所であった。宿には便所がなく、公厠にいくのだが、これがなんと男女にひとつずつしかないのだ。男女は背中合わせになってちょっとした囲いがあるが、例によって前方には扉などない全面開放便所だ。ここに探検隊員とその宿の近所に住む人々が集まってくる。

ひとつしかないから当然行列ができる。

中国人の行列の実態を知ってますか。彼らはしばしば堂々と横入りをする。それを防ぐために列をつくっている人は、前の人の背中に自分の腹などをピタッとくっつけて横入りできないようにする。そうしてぐいぐい押す。

自分の番がきたらその行列に向かってしゃがみ、大便をするのだ。

行列をつくっている人はみんな「モヨオシている」人だ。全員焦っている気分が空気的圧力となってそのあたりに横溢《おういつ》している。「早くしろ」コールがいまにもわきおこりそうな不穏な状態のなかで、こっちは意志を強くして満足するまでやらなければならない。

こういうときのコツは、行列の先頭のやつの顔を見ないことだ。先頭にいる者は次が自分の番なのだから、そのはやる気持ちがすでに殺気をともなっているのかわかる。ほんの数分前が自分だったのだからその気持ちはよくわかる。しかし、そんなやつのことは無視して、断固気のすむまでやらねばならない。これが鉄則だ。

しかし、そのあと奇妙な体験をした。満足するまで出して、尻を拭《ふ》くとき、その瞬間が思いがけないくらい恥ずかしかった。「人格崩壊」という言葉が相応《ふさわ》しいかもしれない。

その理由については次の話で分析したい。

紙で尻を拭くのは人間のみ

　砂漠の探検隊員だったぼくは、オアシスのひとつしかない厠にできた行列の前で大便をする。沢山の他人の目の前で用をたすことは、中国辺境の旅でもう慣れていたが、はやり、焦る行列の前でただ一人用をたし、終わって尻を拭くときに「人格崩壊」に近い恥辱の感覚を味わった。——というところまで書いた。

今回書くことは、その状態を知っていないとわかりにくいだろうと思ったので、敢えて状況を繰り返した。

　三日滞在したそのオアシスでの「さらしもの大便」でわかった不思議な感覚は、大便をしているときにはどうとも感じなかったのに、尻を拭くとき、そのまま消え入りたいような気分になったことだ。あれはなんとも予測のつかない感覚だった。そういうことをときおり考えながら砂漠の旅がまた始まった。狭いオアシスなどより砂漠のキャンプのほうがやはり精神が解放されてここちがいい。

用便だって身を隠すところこそないが、テント村から百メートルも離れれば自分だけの世界だ。オアシスの厠で尻を拭くとき、どうしてあのような急激な恥辱の感情に陥ったのか。

再び砂漠に出た日の夜、近くのテントにいた新聞社の記者と大学教授にその話をした。するど思いがけないことに、その二人からも同じ反応がかえってきた。二人は言った。

「あんたの言っているのと同じ気持ちになった。尻を拭くとき、なぜあんなに恥ずかしいという気分に襲われたのだろうか」

その日の夜はそのことでしばらく議論した。

砂漠の夜は酒はないが、時間だけはいっぱいあるから、議論もまた時間つぶしにいいのである。そのときなんとなく結論のようになった意見は次のような分析だった。

ひとつは地球には何百億という生物がいるが、哺乳類《ほにゅうるい》のなかでも、紙で尻を拭かないと最後の始末ができないのは人間だけだ。それを紙を発明した文明、科学のたまものとみるか、紙で拭かなければならない、だらしのない肉体構造の堕落とみるか。そのへんの判断が難しい。

人間はいろんなものをむさぼり食って、あげくは胃腸をこわして下痢になったり便秘になったりする。でも野生の動物たちは自己完結している。肛門の括約筋だけを比べても人間よりすぐれているのだ。

二人ともインテリだから言うことが少々理屈っぽいが、まあそうかもしれない、とその話を聞きながら思った。生物のなかで唯一紙で肛門の始末をしている、ということに対する劣性意識が恥辱の感覚につながっていったのではないか——と。

あのときそこまでの深層意識があったかどうかわからないが、その探検から帰ってきて、わが家の飼い犬の散歩をさせているとき糞をしている様子を子細に観察した。

まず改めて感じたのは糞をしている時間が非常に短い、ということであった。それから糞をしおわった肛門をよくみると、まことにきれいなものである。紙で拭いたりする必要がない。サッとしゃがんで素早く糞をし、サッともとの態勢に戻る。カッコいい。人間みたいにもそもそ紙で肛門の始末をしているのがいかに生物として不格好であるか、ということを改めて感じる。

動物は糞をしているときがいちばん敵に襲われやすい不用心な姿勢である。なるほど、弱い草食動物、ウサギとか鹿などは走りながら糞をすることができる。

排便に長い時間がかかる、ということだけでも人間というのは排便が劣っている恥ずかしい生物なのかもしれない。

タクラマカン砂漠を舞うピンクウサギ

タクラマカン砂漠を西進する「日中共同楼蘭探検隊」の話の続きだ。オアシスの逼迫《ひっぱく》した行列の前での公開大便という、過酷な体験を強いられた我々は、再び砂漠のテント生活に戻ってホッとした。

食い物は毎日同じで、中国側がどこかで幾重にもわたる中間搾取の末に持ちこんできたらしい十年ぐらい前につくられたような缶詰三種（ランチョンミート、豆を中心にした煮物、なんだかよくわからない魚の煮物）に岩より硬いような乾燥パンだ。

この缶詰がとにかくひどかった。直径十三センチもあるデカ缶詰なのだが、つくってから相当な時間が経っているらしく缶詰の内側の錫《すず》が中身に溶けだしていて、どの缶詰も錫味たっぷり。絶対体によくない、というのが舌や胃の感覚でわかる。錫の味は当然ながら缶詰の中身の外側から内側に向けて溶けてきているから、その味の濃度も外側がいちばん濃く、内側に向かって少しずつ薄れていく。とはいっても、その濃度はあるかなきかの差にすぎない。

これが昼飯と夜飯で、朝はお粥《かゆ》だった。巨大な鍋（直径一・二メートル）に水とコメをぶちこみ、さらに味つけとしてザーサイの缶詰をひとつの鍋にバケツ一杯ぐらいの量をぶちこんで、それをスコップでかきまわす。スコップは四輪駆動車のスタック用に沢山用意されているやつだ。

したがってその風景は「料理」というより、セメントと砂利をまぜているような「工事現場」という雰囲気だった。おまけにそれをつくっている中国人の料理人五、六人が大鍋の真上で常にペチャクチャ喋《しゃべ》りまくっているから、やつらの唾がまんべんなくまざりこんでいるのは確実だった。おまけに全員ひっきりなしに手洟《てばな》をかむ。大鍋からの湯気に刺激されるのか、料理人たちは五分に一回ぐらいはやっている。鍋の至近距離でぶっぱなしているから、二、三発は鍋のなかにきっと入っているだろうな、という確信がある。さらにたえず風が吹いているからパウダーのような砂がまんべんなく混入されている。

この「砂、唾、洟入り特製お粥」ができると、グループごとに自分の食器を持って軍隊式に並んで配給をうける。空腹であるから、それでもけっこううまいのがいまいましい。青っ洟が微妙な隠し味になっていたのかもしれない。まあ中国隊との合同探検隊なんてこんなものなのだろうという覚悟というかあきらめというものがある。

めしが終わると、人間の自然の摂理で朝の用便だ。

砂漠の真ん中のテントだから、それを中心にしてみんな百メートルぐらい離れたところにしゃがむ。遮蔽物《しゃへいぶつ》は一切ないが、オアシスのときを思えば快適この上ない。みんなそれぞれの方向に離れていくから、全体は大きな円形をつくって一様に中央テントに尻を向けてしゃがんでいる。

あるとき風が非常に強い朝があった。そのときここはピンクのウサギが沢山いるところなんだ！　とびっくりしたことがある。

地表を沢山のピンク色をしたウサギがもの凄いスピードで走っていくのだ。みんな一定方向である。砂漠の真ん中に生き物が！　と驚いたのも束の間だった。まもなくピンクウサギの正体がわかった。我々隊員に配付されていたトイレットペーパーはなぜかみんなピンク色だった。ピンクウサギと思ったのは、それぞれの隊員が尻を拭き終わったそばからそのピンクの紙だけが強い風によって地表をすっ飛んでいたのである。これもまた砂漠探検隊の朝の風物詩のひとつなのだった。

我々に配付されていたもののなかに、やはりピンク色の四十センチ四方ぐらいのやわらかい紙があった。何に使うのかよくわからず、砂漠のめしのときに砂が入らないように食器の上を覆うのに使ったりしていた。つまりはまあラップがわりだ。だいぶあとでそれは女性の生理用のやわらか紙であることを知った。砂漠ではもうなんだっていい——という気持ちになる。

便所中の「うごめくもの」

今回の話はかなりヤバイ。まあこの本の読者はおそらく圧倒的に男で、しかも親父《おやじ》系が多いと思うので遠慮しないでいく。

やはり中国だ。楼蘭探検隊のあとに三度目の敦煌への旅に出た。「莫高窟《ばっこうくつ》」という古代仏教に興味のある人には垂涎《すいぜん》の洞穴仏群で有名なところだ。なかなか公開されないが、とりわけ「交脚弥勒菩薩《みろくぼさつ》」はすばらしい。

そのときはウルムチまでいく長距離列車でいった。柳園という駅でおり、あとはクルマでいく。このときぼくは車内で食ったなにかにあたってしまったらしく、途中から腹痛に苦しんでいた。しかし、コンパートメント付きの列車の車掌は壊れたといってトイレに外側からカギをかけて入れないようにしていた。中国人はよくこういうコトをする。

なんとか柳園駅まで我慢してトイレにいったが、混んでいて行列だ。ぼくはもう一刻の猶予もなかった。こういうとき旅慣れている者には経験と知恵がある。必ず職員用の便所が他にある筈《はず》だ。それは見事に見つかった。

もの凄い臭気がこっちだよ、と呼んでいてくれたのだ。職員用だから一般のよりさらに汚いし暗いが、切羽詰まった者にはそんなことはもはやどうでもいい。暗く臭い洞窟のようなところに入っていった。なんとか足場があるのを見つけ、そこにまたがって間一髪のところでまにあった。切迫感から解放され、どうせなら最後まで、と思ってまだしゃがんでいると、なぜか「めまい」がしているような気がした。頭がクラクラしているような感覚だが体のほうは別に揺れてはいない。

目の前の暗い壁全体がざわざわ動いているように見えた。暗闇に目が次第に慣れてきた、ということもあったのだろう。じっと見ていると、壁全体が広い範囲で動いているように見える。フト横の壁を見るとやはり同じように動いている。天井を見ると、距離があるから目の前の壁ほどははっきりしないがやはりゆったり全体が動いているようだ。次に足もとを見た。

その段階で、ぼくは理解した。

頭が「ガーン」とするような衝撃だった。なんでぼくはこんなに理解が遅かったのだ。そのちょっとした洞窟を思わせる職員便所には、壁も天井もびっしりと「ウジムシ」が表面を覆っていて、全体がぞわぞわ蠢《うごめ》いていたのだった。「蠢く」という文字もよく見ると気持ちワルイなあ。

ぼくはそのとき思わず両肩を上げ首をちぢめて隙間をなくす努力をした。反射的な動作だったが、天井をくまなく這《は》っているウジムシが落ちてきて首筋から入らないか、と思ったのだ。それから大急ぎで、しかし慎重に立ち上がり、尻を拭いてパンツとズボンを引き上げ、さらに慎重にゆっくり床に降りた。

床もいっぱいのウジムシ絨毯《じゅうたん》だ。さっきここに入ってくるときにはまったく気がつかなかったのは、気持ちが焦っていたのと暗さに目が慣れていなかったからなんだろうな、と自分で理解する。

しかし焦って入ってくるときも、なにか靴の下の感触に違和感があったのを思いだした。ウジムシ絨毯を踏みながら入ってきたのだから当然なのだ。慌てて走ってきて滑って転ば

なくてよかった。もっとも微妙に一秒を争う緊迫状態だったから走る余裕はなかった。あ
あいうのも不幸中のさいわい、というのだろうか。走ってきて転び、その衝撃で下痢を暴
発してしまったらぼくも人間ウジムシと化し、もう人の歩いているところに二度と戻れな
い人生になっていただろうからなあ。

あっぱれ！　天上天下開放のチベット

中国の糞便ストロング話を続けてきたが、チベット自治区に入っていくと、また違った凄さがある。

開放便所であるのはかわりないが、チベットはもっとさらに〝開放〟してしまっている。どういうことかというと、例えば田舎の宿の便所などはたいてい屋根の上にある。

屋上、というより日本的感覚でわかりやすくいうともの干し場の構造に近い。したがって天井も壁も、さらに凄いのは手すりもない。辛うじてヘリに十センチぐらいの枠がある。

標準型でいうと、そこにふたつの細長い穴があいていて、ふたつの穴の真ん中に男女のしきりの板がある。といっても高さ一メートル幅二メートルぐらいのものだから、男女の便所のしきりというには相当におおらかだ。しかもその便所が往来のすぐ上に位置していたりするから、その上に立つと、その人がこれから大便なんぞをするのだ、ということが丸わかりである。

そんなのやだわやだわ。

などと言っていたら、チベット奥地の旅なんか絶対できない。これはもう割り切っていくしかない。通りをいく人に向かって「さあわたしはこれからウンコをしますからね」と舞台挨拶《あいさつ》のつもりになってヒラキナオリ、おもむろにしゃがむしかない。

しゃがむと角度の関係でその人の腰から下は通りをいく人の目からは隠れるようになっている。屋根と壁に囲まれ、強烈に臭い中国の便所よりも、こっちのほうはなにしろ天空開放青空便所であるから、慣れてしまえばずっと気持ちいい。とくに星の夜などは中国式公厠より断然よかった。

どうしてそんな構造になっているかというと、そのむかし人糞は貴重な肥料、飼料だった。天井の高さから垂れ落とした糞便は下にたまり、ある程度の量になると馬車の荷台などにそれをのせてしかるべきところに運んでいく。四千メートル平均の高地であるから、冬にはマイナス二十度ぐらいになる。糞便は山になったまま凍結し、それにロープをかけて引っ張りながら、もうひとりが凍った糞塔のほどよいところを叩《たた》きつけて切れ目をつけ、折れやすくしたという。

これは中国の北、ハルピンの公厠などでも同じだった。ハルピンの場合は便槽が地面より下にあったので、ひっぱりあげる、という状態になり大騒動だったらしい。

さてぼくも三度ほどチベット奥地に入っていってこういう簡易屋上便所に何度かいったが、男女のしきりがあまりにも貧弱なので、隣に女性がきたりすると、どうにも内心うろたえる思いで、そそくさと始末して出てきてしまうことになる。でも女性は強く、まったくこともなげなのだから恐れいる。

最近、西蔵鉄道が開通し、チベットまで簡単にいけるようになった。私もチベットにいきました、などという人が日本人にもけっこう増えてきたが、まだ彼らのいくところは同じチベットといってもラサを中心とした観光エリアだから、いま書いてきたような奥地の古くて本格的な便所などは体験していない人がほとんどの筈だ。

ラサの観光地のホテルは個室になっているし、水洗も珍しくないから「雲泥の差」とはこのことだろう。

中国人もチベット人も多くの人の目の前で大小便をし慣れているからだろうか。ときおりとんでもない風景を見ることがある。チベットの田舎だったが、向こうから歩いてきた娘さんが道端でいきなりしゃがんだ。花でも見ているのかと思ったら、小便をしているのであった。いやはやあっぱれ。

カギなし個室の謎

なぜ中国という国が、世界でも稀なこういうドアなし、隣とのしきりなしの便所になっているか、ということについては諸説あるけれど、毛沢東の文化大革命以前は、一般の金持ち階級の家にはちゃんとしたプライバシーを保てる便所があり、街の公厠もよその国と同じように大便をする場所は個室だったという。

毛思想は簡単にいえば貧しい農村から都市部を包囲し、すべての人民を平等にする、という考え方だったから、金持ち階級やインテリ階級を批判、攻撃した。

そのひとつに個人宅から便所をなくす、という強制措置があった。ある一定のエリアに公厠をバランスよく配置し、みんなでつかう。個人所有の便所は贅沢《ぜいたく》だから禁止された。

しかし、こうした強引な文化大革命には当然抵抗意見や隠れた反発行動などの批判もある。

その批判は公厠の個室の落書きなどに書かれ、アジテーションとして次々に伝播《でんぱ》していった。いまでいえばインターネットのなんでもありの掲示板みたいなものだろう。

為政者は、こうした民衆同士の批判の伝達拡散を恐れ、便所の個室を廃止し、落書きをできないようにしたという。そうすればひとつひとつの便所の個室につかうドアの木材だけでも中国十億人超の全土を考えれば莫大《ばくだい》な節約になる。このようにして、庶民の秘密伝達の場は次々になくされていき、やがてオールオープンの便所に慣らされていったらしい。

中国でオリンピックが開かれたころから、外国人が多く出入りする場所などを中心に個室トイレがまた復活してきた。けれど、それでもなお中国のトイレに対する考え方には謎が多かった。

これは成都というかなり大きな都市の新空港で体験したことだが、ドアもあるせっかく立派な個室トイレがつくられたのに、そのドアにカギがいっさいついていなかった。五つほど並んでいたトイレの空いている三つを見たがどれもそうだった。しかもそのときは空いているひとつが壊れていて、便器に糞便が山盛りになっていた。水洗便所だったからおそらく水洗装置の故障だったのだろう。

それでも他の個室がつかわれているときに焦った人がそこをつかい、さらに別の人が同じようなことを続けていたに違いない。日本の公衆便所と、中国的な（このあといろいろ出てくる国々）公衆便所の決定的な違いは、こうした故障トイレの「使用禁止処置」とかそれを迅速に修理するメンテナンス機能が働いていない、という点である。

行政やその下部組織やさらにその傘下の下請け修理業者などの連携がうまく働いていなかったり、サボリやワイロなどが関係して、結局はほったらかし、ということになっているのだと思う。

さて、カギなし個室の謎である。

カギがないし、そのドアを押さえる突起物などなにもないので、しょうがないからそのままやっていると、当然ながらいろんな人がドアをあける。中国人はノックなどしないから、いきなりあける。失礼きわまりないが、そういう国にきているのだから我慢するしかない。

そうして思うのは、このカギなしドアというものの意味である。

中国人の通訳にせっかくのドアになぜカギをつけないのか？　と聞いたら「誰か入って

いるかどうか、外からドアをあけて確かめるためです」と言っていたが、ぜんぜん答えになっていない。おそらく長いあいだドアなどつかっていなかった中国式ニーハオトイレに慣れている人にとって、トイレのドアというのは余計な一枚の遮蔽物にすぎないのではないだろうか。

聖地カイラスでの排便

チベットの聖山カイラスはラサから約千二百キロある。仏教、ボン教、ヒンドゥ教、ジャイナ教共通の神の山であり、巡礼者は生涯の目的としてここを目指す。

いちばん激しい巡礼行が五体投地拝礼で、手をあわせ頭の先までのばしては体をたたみ、大地にそのまま全身を打ちつけ、自分の背丈ぶんだけ進んでいく、という荒業だ。シャクトリムシの進み方に少し似ている。二十歳前後の若い娘などもこの拝礼で進んでいる。聞けば、故郷を出て二年、三年などという人がザラにいる。

村で「巡礼貯金」をして、トラックの荷台に三十人ぐらい乗って歌をうたいながら陽気にやってくる楽しい巡礼団もいる。馬でいく者、徒歩でいく者、さまざまだ。

テントで寝る人はいるがたいていは毛布をかぶっての野宿だ。排便はそこらの岩の陰などである。

途中、何ケ所かに鳥葬場がある。これは当然ながら鳥葬の主役であるハゲタカが集まりやすいような高地の開けたところにあり、遠くから見るとすぐにわかる。そのあたりがひときわ賑《にぎ》やかに見えるからだ。賑やかというのは「色あい」のことで、岩だらけの殺風景ななかにいろんな色がちらばっているからだ。死者の着ていた服が散乱していたのだ、ということが近づいていくにつれてわかってくる。鳥葬のないときはまったく無人だが、最初遠くから見たときは大勢の観光客が集まっているように見え、そのギャップが強烈だった。

カイラスの麓《ふもと》のタルチェンには、各地からやってきた巡礼者が集まって自然にできたベースキャンプ村のようなものがあり、季節によるが五百人から千人ぐらいがかなり長いあいだその臨時村で暮らしている。これから聖山を巡礼する者、巡礼しおわったが、路銀がなくなってふるさとに帰れず、物乞いをしている人、などさまざまだ。けれど難民キャンプとは違っていたって和やかだ。

中央に川が流れている。氷河から溶けて流れてきた清流だが、上流のほうからその水を好きなようにつかっているから油断がならない。要するに上流の川のなかで排便してしまう人がけっこういるのだ。伸縮する臨時村なので統制も管理もされていないから、これはなるようになっていくしかない。折角の全面ミネラルウォーターなのにもったいない。でも下流でキャンプしている人もその水を平気で飲んでいた。

カイラスの下方にマナサルワという恐ろしく美しい湖がある。そこも聖地であり、巡礼の拝礼する場所だ。

でもその湖のなかでしゃがんで排便している人がけっこういる。これはヒンドゥ教やジャイナ教のインド人が多く、ぼくもそういう風景を何度も見た。インド人は神の河であるガンジス河で沐浴《もくよく》をする。その水に頭からひたり、それを飲む。しかし同時にガンジス河のなかで排便する。その感覚がカイラスの聖地の美しい湖のなかでも平気で排便させてしまうのだろう。だからチベット人はインド人を嫌っている。インド人がくると雨が降る、とみんないう。

日本の公衆便所を誇る!

どんどん国際競争力を失っていく日本だが、まだ世界に誇れるものがいくつかある。個人的な意見なので軽く聞いてほしいが、そのひとつは「便所」である。次に「道路」。そして「夜」だ。つながらない三題話になってしまうようだが、これは世界各国を実際に見てきた体験的感想である。

「道路」と「夜」については本書の内容から外れるので、ちょっと横に置いておいて、本線の「便所」について徹底検証したい。

誇れるひとつは「公衆便所」の美しさだ。

〝美しい〟という表現にはややためらいがあるが、それでも先進国でも途上国でも、日本の公衆便所ほど平均して「安全で美しい」存在はない。

どんな田舎の駅や公園などの公衆便所にいっても「あふれ流れてくる排泄物」のなかに入っていく、なんていうところはまずない。みんなきれいに清掃され、壊れているところはちゃんと直されている。修理中のものは、なかに入れないようにして、ちゃんとそのことが表示されている。

だからドアが壊れてカギがかからない個室などというものはまずない。たいていきちんと清掃されている。しかもかなりの確率で「水洗」である。しかもこの機能も壊れていることはまずない。しかも（しかもが多いが）トイレットペーパーなどがキチンと用意されている。しかも「紙ギレ」のないよう予備のペーパーなどがちゃんとある。それでいて使用自由。タダである。

トイレの管理人などとくにいない。わけのわからないサービスマンなんていう便所のでっかい寄生虫のようなものもいない。

途上国のトイレなどに入るとなかにそのサービスマンみたいなのがいて（勝手に入りこんでいる奴のほうが多いようだし）、大でも小でも用をたすと、いつのまにかそいつが背後に立っていてトイレットペーパーを十センチぐらい切ったのを渡してよこす。チップ下さい、と言っているのだ。実にうっとうしいんだね、そんな十センチぐらいの紙でなにをしたらいいのだ。でも面倒なので小銭をわたす。

この男は別に行政なり管理者なりに頼まれているわけではなく、勝手に便所に居ついて頼まれもしないそういうことをしているのだ。個室にトイレットペーパーなど設置されていないからそういうのをつかえてありがたい、と思う人もいるのだろうが、でも十センチではなあ。

日本の公衆便所にはこういう背後霊みたいなのはいない。近頃は公衆便所にも例の温水吹き上げ式——とでもいうのかね。ハイテクシャワートイレなどが設置されているのも珍しくない。

あのハイテクトイレは日本だけで異常に発達した、世界でも珍しい機密機能付きトイレだが、ああいうのを無料公衆便所に設置している国は日本以外にはめったに見ない。

だいたいあのトイレは「新しい和式トイレ」であり、世界に最近少しずつ広まっているところだけれど、日本人と違って非常に粗雑な国民性の国が世界には多いから、ああいう繊細なものは個室なのをいいことにすぐにいろいろいじくられて壊されてしまう。それを直すメンテナンス機能も貧弱だから、壊れたらたちまちウンコのテンコ盛りになって機能が破壊される。あとはトイレ全体が崩壊していくだけだ。清潔でかなり規制に忠実な従順日本でないとなかなかパブリックなところでの活躍は難しい〝宿命〟を持っているのだ。

ぼくが望む排便フィニッシュワーク

いまや日本中くまなく、といってよい普及率となった温水噴射式のハイテクトイレは、欧米をはじめとした先進国にもない日本の新しい「和式トイレ」だ。

ハイテク大好きの日本人だから、得意の多機能といういろんな機能がこれでもかこれでもか、と取り付けられている。

個室に入ると便座の蓋が自動的にもちあがってくるやつに最初出会ったときは怖かった。なかから長い濡れた髪のヘンな女が出てくるんじゃないか、と思ったくらいだ。逃げようとしても個室からの瞬間的な脱出は難しい。

家のトイレの機種にある「マッサージ機能」というのはなんだか怖くて、設置してから十年のあいだ一度もそのボタンを押したことがない。だいたいあのなかであの恰好《かっこう》をしてのマッサージってどういうコトになり、なににどう効くのだろうか、予測がつかないし、なにかとても場違いな気がするではないか。

あるボタンを押すと「ターボ瞬間パワー脱臭」などという機能がいきなり働きだす。パワーですよ。それでもってターボですぜ。

たったひとりの臭気をここまでして強引に排除したいのか、という「鬼の執念」「鬼の根性」というものを感じるではないか。

かと思うとリラクゼーションミュージックシステムなどという機能があって、これを操作するとクラシックとかシャンソンとかラテンなど、いろんな音楽が選べるらしい。問題はどんな状態のときにどんな曲を選ぶかだがそれは説明書には書いてない。

「ようし、今日はロックでばしんばしんいってやるぜエ。イエーイ！」などというつかい方が理想なのであろうか。

ある機種には「鹿《しし》おどし」などの音サービスがついているという。京都あたりの庭園で、水の流れとそれをためる小さな樋《とい》がテコの原理を利用して片方が石にあたってカーンという音をたてる。古都の静寂と悠久の時の流れが個室にたゆたう。

でもこういうやつも問題は排便のさなかにどうつかうか、というコトで、これはかなり高度な哲学的レベルにいたるような気がする。見方によってはほぼマンガのレベルという気もするが、アメリカ人などは「ワビ、サビ、トイレ」などと言って喜ぶかもしれない。

ここまでいろんなハイテク機能を満載してくれたのだから、もう一押し、ハイテク機能をつきつめてほしいものがある。

フィニッシュワークだ。

これは個人的な希望だが、温水で尻を洗ってもらったあとは、自分でトイレットペーパーを切って拭かねばならない。「温風で乾かす」などという優雅な装置もあるが、そこまで待っていられるヒトは少ないような気がする。

そこで、要望というか必殺のプランがある。

できれば便座の下の後方からゆっくりおごそかにやってもらいたいのだが、トイレットペーパーを適量握った「片腕」が最終的にじわじわ出てくる。

そうしてこの手に握られた紙で拭いてもらいたい。手元の操作盤には「ゆっくり」とか「もっと力強く」とか「ソフトに」とか「まわすように」「逆回転」などという細かい指示ボタンがある。そうして満足いくまできれいに拭いてもらって、すべて完了。

ここまでこないと完全オートマチックとは言えないのではないか。立ち上がると自動洗浄機能が働いて、わが身のしわざはあとかたもない。

インドの水洗トイレ事情

温水噴射式のハイテクトイレを備えた公衆便所は、もう日本の公園などにありふれて存在しているが、これをもしインドのコルカタ（カルカッタ）あたりに設置したらどうなるか。猛烈な争奪戦が行われ、そのまわりに沢山の死体がちらばり、勝ったファミリーがそこに住み着いてしまう。最悪でそんな事態が頭にチラチラする。

『トイレの話をしよう　世界65億人が抱える大問題』（ローズ・ジョージ著、大沢章子訳／NHK出版）は世界中のトイレ事情を実際に取材した話で満載だ。

インドのトイレ事情を語る別の本には「明日自分の入れるトイレがない、あったとしても汚くて入れない、という環境におかれている人が世界に二十六億人いる」という一文が最初にある。

インドは中国と並んで人の目を気にせずに排便してしまう人が沢山いる国だ。貧富の差が加速度的に進んでいる国だから、路上排便者の多くは下層階級だが、なにしろ人口が二〇一一年で約十二億一千万人もいる。

高所得者は「ひとにぎり」で、街や村には糞便があふれている。インドの路上排便は「掘りこみ便所」をつかうことが多いが、これは地面を少し掘って排便を溜める容器が入れてある。けれど路上に、しゃがんだ人間の足の幅にレンガをおいて、そのまま排泄してしまう簡略化されたものが一千万ケ所あるという。もちろん扉もしきりもない。流す水もないからたちまち「山」となる。この糞便を専門に集め、一定の場所に運ぶ人がいる。

マニュアル・スカベンジャー（手作業の糞尿処理人）と呼ばれる人々で、カーストのさらに下の「アウトカースト」と呼ばれる層の人々の仕事だ。「統計によって幅はあるが、インドには四十万人から百二十万人のマニュアル・スカベンジャーが存在する」と『トイレの話をしよう』には書かれている。

スカベンジャーは主に女性で、個人の家庭や自治体、軍の宿舎、鉄道当局などに雇われる。そしてスカベンジャーの子供はやはりスカベンジャーになるしかないのだ。糞便を集めるのはアキカンと手をつかうしかない。

そして、このスカベンジャーがいないとインドの道は糞便だらけになってしまう。実際、インドの田舎を旅していると、ちょっとした木陰や下水のそばなどにしゃがんでいる人をよく見かける。その姿勢からすぐになにをしているかわかるが、人口に対して、国全体のトイレの数が絶対的に不足している——ということも同時によくわかる風景なのである。

それにしても約十二億人の国である。うんと低く見積もってもそのうちの半分、六億人は毎朝「そこら」ですませていることになるのだろう。

人間ひとりの糞便は平均三百グラムというから、単純計算して約十八万トンの糞便が毎朝インドの「そこら」に排泄されていることになる。十八万トンである。毎朝ですよ！

インドの都市部の公衆便所に入ると小さくて粗末ながらちゃんとしきりとドアがある。しかし、ドアもカギもいかにも貧弱だ。外側からなかに誰か入っているかわかるようになっているので、カギが壊れていても問題はない。ただし、ドアの近くに私物を置いてはいけない。たいてい置けないくらい床が汚れているが。それでも新聞紙など下に敷いて置いたりすると、いつのまにかドアがあけられて荷物が消えてしまう。

インド式トイレは水で始末する。流水装置はめったになく、バケツにヒシャクがほとんどだ。そのバケツの水がたいてい茶色だ。でも水で流せる。つまり立派な水洗トイレなのである。

腰巻き文化圏の「すわりしょんべん」

インド、パキスタン、スリランカ、ネパール、ミャンマー、インドネシアなどで共通しているのは「腰巻き文化」だ。

女性はその国によって多少違ってくるが、男は腰巻き姿が圧倒的に多い。スリランカとネパールで試しにはいてみたが、スカートの感触に慣れていないので、やっぱりなんだか下半身がこころもとない気分だ。基本的に腰巻き文化圏の男はその下にパンツなどはいていないので、パンツ文化圏になじんだ者はその無防備感覚がどうも落ちつかない。

当然ながら腰巻きのその構造はいたって簡単である。

もっとも簡単な腰巻きはミャンマーだろうと思う。ロンジーと呼ばれている「大きな布のわっか」なのだ。長さ一・五〜二メートルぐらいの布の一端を縫ったものを想像していただきたい。これを「巻く」感じになる。当然お腹のところがダブダブになる。その余ったところを細くしぼってスカートにくっついた紐《ひも》みたいな感じで腹のところでとめる。つまり「結わえる」。基本的にそれだけなのだ。

ミャンマーは世界最貧国のひとつに数えられるが、履物はタイヤから加工したビーチサンダルのようなもの。上はランニングシャツかTシャツ一枚のことが多いのでポケットというものがない。だから財布は腰巻きの後ろのところに挟んでおく。

「それでは後ろから簡単にヒョイと取られてしまうんじゃないの」と聞いたら、「どうせ小銭しか入っていないから」と言っていた。

インドネシアなどになるとこの腰巻きにちょっとした装飾がついたりするが、その下はノーパンということで各国共通している。

ノーパンがいいのは第一に涼しい、ということ。それから大小便がやりやすい、という二大利点がある。

腰巻き文化圏の男たちは基本的に「すわりしょんべん」である。

これは日本の男たちがわりと気軽にあちらこちらで「立ち小便」をしているのを見るの

と同じように、田舎などにいくとありふれた光景だ。

　腰巻きの構造を考えてみると、絶対に立ち小便よりも「すわりしょんべん」のほうがやりやすい、ということは誰でもわかる。日本の立ち小便が「そのものズバリ」を露出してやるのにくらべたら、彼らの「すわりしょんべん」のほうが、なんというか、まあいくらか上品であるような気がする。

　でも、こういう光景もある。インドは土地によってゲイが多かったりするが、彼らは街を歩いているときでもしばしば男同士手をつなぎあっている。あるときその男同士が手をつなぎあって腰巻きをひるがえし、ヒラヒラ走っていくのを見た。

　ナニゴトカ？　と一瞬そのいく先を眺め続けてしまったが、彼らは道の端までチョウチョのようにヒラヒラ走り、そこで二人してしゃがんだ。男同士の「すわり連れしょんべん」を見てしまったのだ。まあ日本でも男同士わりと気軽に立ち小便をしているから、意味は同じなのだが、手をつなぎあって……というところがなかなかのものである。そんな芸当ができるのも、腰巻きの下にパンツをはいていないからだ。

　ミャンマーで聞いた話では女性もノーパンという。パンツだってカネがかかるし、利便性を考えたら男と同じになるのは当然だろう。

男でも女性でも露天商の前にしゃがんだりするときは上手に腰巻きの後ろから裾《すそ》を巻きあげて、まったく前を見せない技を身につけている。

モルジブの見事な食物連鎖

モルジブのマレというところは、海のなかに人間ひとりささえられるくらいの柱をたてて、その途中に横に一本小さな木を打ちつけてある。長さはマチマチだが、縦棒四メートル、横棒一メートルというところだろうか。

この横木の上に釣り師が座って魚を狙《ねら》う有名な伝統漁法がある。波に洗われない程度のところに座ってその木の下にやってくる大きな魚を釣る、という気の長い話だ。しかし見ているとそんなに気を長くして待たなくてもわりあい効率よく魚をあげている。（カバー写真参照）

このマレに数日いたときのことだ。

午前中に海岸をずっと散歩していたのだが、このあたりはずいぶん犬が多いんだな、と思った。犬そのものが沢山いたわけではなく、風景を見ているうちにそう思った。理由は「糞」であった。いたるところに犬の糞がころがっているのだ。しかし犬の姿を一匹も見ないのにどうして犬がいっぱいいいると言えるのか。どうもヘンだ。

なんとなく自問自答した。

第一、ここらにいる犬がみんな律儀に海岸にきて糞をするようにしつけられているとはとうてい思えない。だいたいこういった国にいる犬はみんな野良犬で、犬としての正しい糞便のしつけなどされているわけがない。

そのうちに、これは犬の糞などではなくレッキとした「人間のクソ」である、ということに気がついた。ここらに住んでいる人々のクソに違いない。

なんで最初からキメつけるように「犬の糞」と思ってしまったのか、ということをしばらく考え、やがて答えが見つかった。どれにも「紙」というものがないのだ。

人間の環境からくる風景の認識、というものは実ははなはだ一方的、自己中心的なもので、野グソした人間のそれには始末した紙が貼りついているのが普通だが、犬は後始末に紙などつかわない。ひりっぱなし、である。

おわったあとに丁寧に自分の尻を紙で拭いている犬がいたら「難度の高い芸犬」としてカネがとれるだろう。

だんだんわかってくるのだが、この国もトイレ文化は貧弱で、自分の家にちゃんとしたトイレなどある家は少ない。だから住人たちは早朝、まだあたりが暗いときに海岸にきてクソをしているのだが、トイレットペーパーで拭く習慣はなく、インド文化の影響そのままに海水と手ですませる。

海岸はその意味でいろいろ都合がいい。人間のクソはやがて満ちてきた波にさらわれていく。そのときクソは細かく粉砕される。粉砕された人間のクソは小魚のいい餌《えさ》になるから、波うちぎわに沢山の小魚が集まってくる。その小魚を狙って中魚がやってくる。その中魚を狙って大魚がやってくる。

そして、話は冒頭の木の上に座って釣りをしている漁師の獲物につながっていくのである。

大きな魚が釣れると漁師は市場に持っていってその日の稼ぎにする。魚はカレーの具にされることが多かった。ぼくが泊まっていた安ホテルの食事は、決まって魚カレーであった。

その魚カレーを食べた人間が早朝、海岸にいってクソをする。波がそれを粉砕する。小魚がやってきてそれを食う。見事な食物連鎖がそのマレの海岸にできているのだった。

糞便処理のときに紙をつかわない（つかえない）ということはなかなかすばらしい、と思った。なぜならぼくが犬の糞とすっかり思いこんだように海岸がちぎれた紙で汚れていないからだ。

南の島のジャングル野糞

パプア・ニューギニアにあるトロブリアンド諸島の小さな島にいたとき、南方民族の日常生活にどっぷりつかっていた。ホテルなんかないし、店もないし、当然、シャワーもトイレもない。

島には五百人ぐらいが住んでいた。

大きな椰子《やし》が何本も生えている広場みたいなところが島の中心で、そこに高床式の小屋がいくつか。それが島人の家であり、集会所であり、造船所だった。カヌーに似た木造船（丸太のくり抜きではない）をつくっている。島と島との行き来がその諸島の生命線だから、船づくりの技術はたいへんすぐれていた。

島人は男も女も「おっかない顔」をしていたが、人柄はみんな親切で、食事などもおばさんがつくってくれた。

その島人の主食はタロイモ、ヤムイモといった完全な「イモ食」で、朝も昼も夜もイモ。もちろんサケなんかない。だから青い海、青い空（毎日快晴なんだ）のど真ん中にいて、ビールがまったく飲めない悲しい日々なのだった。

イモ食も、おいしいわけはない。娯楽といったら海で泳ぐぐらいだが、サメがけっこう沢山いる。本当の「南洋の島の海」というのは危険だし退屈きわまりないのだ。

ぼくがあてがわれた小屋は、島人の集会所みたいなところで、トタン屋根にトタンの壁。通常の小屋は細かい木で四方を囲んで小枝で壁をつくっているが、トタンの家はその島では「近代建材」でつくった立派な建物と考えられているようだった。

高床式だから、たしかに蛇などが上がってこなくて清潔だが、朝の太陽が上がってきてから沈むまでは暑くてなかにはいられない。やたら早起きを強いられる家なのだった。

トイレは「そこら」だった。まわり中がジャングルだから、それが「そこら」だ。朝がた「そこら」にいく。一応毒蛇などの注意がいるが、集落の近くにはめったにいない、と言っていた。どんどん奥に入っていったが、なんだか後ろが騒がしい。

豚が一列になってついてくるのだった。大きな親豚を先頭に子豚まで。原始的な豚だからなのか子豚は縞々《しましま》模様がついている「うりぼう」というやつだ。猪《いのしし》から豚への進化途中というやつなのだろう。

全部で十頭ぐらい「ブヒャブヒャ」いいながらついてくる。こいつらなんでついてくるのだろう、と思ったが疑問は一瞬のことで、すぐに理由がわかった。しかるべきところにしゃがんだら豚たちはぼくのまわりを半円形にとりかこんで「ブヒャブヒャ」いっている。彼らはぼくの糞を待っているのだった。それも新鮮なやつ。ああ、これかあ、と一種感慨深いものがあった。話には聞いていたからだ。中国や韓国には豚便所がある。便槽に何匹かの豚がいて、人間の排泄物をたちまち平らげていく。ある意味賢いリサイクル便所だ。それの原初版というか野生版というか。

しかし、「いまかいまか」と半円状にとりかこみ、期待に満ちた大勢の豚たちの目に見つめられながら「やる」のは慣れないうちは落ち着かないものだった。

嫌なのは後ろに回りこまれることで、乱暴な奴は後ろから体当たりしてくるから落ち着かない。日を重ね慣れてくるにしたがって、大きな椰子の木などを背にしてやることで対

村にはこういうブタがいっぱいいて油断がならない。けっこう強引である

応していった。

　通常は終わると彼らは先を争い、いっせいに突進してくる。中腰でいると突き飛ばされそうなイキオイだった。

平凡な糞便という寂しさ

トロブリアンド諸島の小さな島は、ジャングル野糞が普通のやりかたで、まわりを十頭ぐらいの豚に囲まれての、慣れないうちはなかなか緊迫したタタカイの朝だった、という話をした。これにはいろいろ思いがけない展開があった。そのようにして豚たちに囲まれてのタタカイの毎朝なのか、と覚悟したものの、それは三日ぐらいでおわってしまった。つまり島にやってきて三日ほど、朝は豚たちに囲まれて騒々しい野糞をしていたのだが、やがてとりかこむ豚たちの数がどんどん減っていって、四日目ぐらいから、もう豚はやってこなくなってしまったのだ。そうなると不思議なもので「なんか寂しい」。なによりも「見放された感」というものがある。おーい、君たち、ぼくのモノのなにが気にいらなくなったのかい？　なんで急にみんなして見捨てるのよ。ひどいじゃない。さんざん世話してあげたのに……。

この理由はあとでなんとなくわかってきた。島にいった外国人はぼくだけでなく五人ほどいた。豚たちに見放されたあと、彼らと、朝の「豚とのタタカイ」の体験を話しあっていたときに、誰もが共通して三、四日ほどでもう豚がまわりにこなくなった、という体験を話したのだ。

我々はいろんな類推的想像意見を交わしあった。そしてなんと話の結論が出た。それは同じような豚襲撃に困惑していた外国人のひとりが、毎朝、島人が何人もあきらかにジャングルの「そこら」に糞便しにいく様子をじっと観察していたのだ。そして彼は島にきたときから島人には豚は一頭もついていかない、という、自分らとの違いを発見していたのだ。まるでダーウィンみたいに観察眼のするどい男だった。

また議論が始まった。我々はその島にくる前はほぼ一ケ月間、オーストラリアにいた。毎日の食事の内容はこの島とは雲泥の差だ。もちろん肉は欠かせない。

鶏、魚、その他、腸詰めやチーズなど動物性たんぱく質を山ほど食べる毎日だった。そうしてこの島にやってきた。

タロイモ、ヤムイモを主食としている島のネイティブらとはそれまで食っていた内容が違う。それは我々のする糞に濃厚な残滓となっていた筈だ。

豚たちは、我々の体の臭いをかいだだけで、そのことに気がついていたのかもしれない。地元の人の野糞に豚たちは見向きもせず、我々にむらがったのは、我々の糞は、島の外から持ちこんできた肉やその他のたんぱく質の滋味にあふれた、つまりはたいへんスパイシーな糞便だったのではないか。この推論は、聞いていた我々の全員を深く納得させるものがあった。なるほどそういうふうに考えれば、島にきたとたんイモ食に変わってしまった我々の出す糞は三日ぐらいで地元の人とかわらない、つまりは平凡なその土地の糞便の味のものに同化してしまったということになる。全員、その説に納得したが、なにかそこはかとない「うすら寂しさ」というものをそこでまた感じたというのも事実なのであった。

数日してから「サメ狩り」があった。島人総出でサメを何頭もしとめてきて、まずは丸焼き（!）にする。そうして自分の好きなところを好きなように焼いて食っていい、という久しぶりの「たんぱく質」の夕げなのであった。我々は競ってサメ肉を食いまくった。明日の朝、豚たちの再歓迎を期待していたかのようであった。

この島の主食はタロイモやヤムイモなので、こうして時おり
サメ狩りをしてサメ肉をみんなで食べる

ウェッデル島で見たキングペンギンの王冠

フォークランドは沢山の島によって構成された群島である。そのひとつウェッデル島でキャンプしていたときのことだ。島にはキングペンギン、ゼンツーペンギン、マジェランペンギンなど南半球の代表的なペンギンがいた。

みんな大きさも生態も生息場所も違う。取材のためチームでその島にいき、毎日あちこち歩き回ってペンギンたちを観察した。無人島であり、おとずれる人も鳥類学者ぐらいで、悪辣《あくらつ》な野生動物の無法捕獲人などもここしばらく上陸していないようであった。

島での我々の生活はキャンプである。そのときたぐい稀な贅沢を体験した。島にある小さな川にシャケが遡上《そじょう》してきたのである。産卵のためだろう。浅い川に体をくっつけあうようにしてシャケがあがってくる。川岸を歩いていくと、それら密集するシャケの遡上ラッシュのとばっちりをうけたのか岸の岩のこちら側に飛び出してきて息絶えているシャケもいる。もったいないのでそういうのを拾ってきて、我々の飯のおかずにした。そのころ我々はキャンプなどの行動食は「コメ」がいちばん、と考えていた。あれさえ炊けば、あとはどんなおかずでも腹いっぱい食べられて体力になり、腹もちする。パンなどちょっと湿度が高いとすぐ黴《かび》が生えたりして長持ちしない。コメが最高。それに焼きのりを持っていくのがいちばんいい。焼きのりも軽くて沢山持っていける。コメとのりがあれば無敵だ、と同行しているMという名の尊敬する登山家が言っていた。

だからその日はごはんを炊いて、シャケの切り身をほかほかのごはんに乗せて、イクラと醬油《しょうゆ》のまぜごはんをつくった。東北にある「シャケはらこめし」というやつで、まあ逆上的にうまいのなんの。大きな焼きのりでまいてひとりで何本も食った。

これまで世界のいろんなところでキャンプして、いろんなキャンプめしを食ったが、この日の「シャケイクラまるごとのり巻き」のうまさは歴代一、二位を争うものだった。

そうしてまあいつものようにテントの快適な眠りをむさぼり、朝方は島のそこらにいって野糞をする。無人島の高みで海を眺めながらの早朝野糞は野糞界のスーパーゴールデンスペシャルデラックスタイムで、体験者しかその壮快気分を語ることはできない。しかもその日の野糞は前日の大ごちそうの残存物である。

で、まあ、ぼくは大いに満足してキャンプ地にかえってきた。あとで仲間の話を聞くと、みんなその日の朝の野糞がいかにすばらしかったか、という自慢話ばかりであった。みんな別々の方向の海や空を楽しんだようであった。

その日、我々は三百羽ぐらいのキングペンギンのコロニーを取材することになっていた。かれらは背の高さが一メートル以上あってなかなか立派である。人を恐れないのでどんどんなかに入っていける。

そのとき例の料理のうまいMが望遠カメラを覗《のぞ》いて「キングオブキングがいる」と大きな声で言った。特別の巨大な王冠をしている。あれはなんだ？　キングの印としか考えられない、というのだ。しかし生物学的にいってそんなのがこの種にあったか？　みんないろんなことをいいながらそのキング？　に近づいていった。キングの王冠の正体はすぐにわかった。ピンクのトイレットペーパーだったのだ。彼が誰かの糞を食ったときにトイレットペーパーが頭に巻きついてしまったのだろう。ホントになかなか立派であった。

人間の糞は犬のため、牛の糞は人間のため

モルジブやパプアニューギニアやフォークランドなどでのキャンプで、野生動物が我々人間の排泄物になみなみならぬ関心をもち、しかもそれが彼らにとっての「ごちそう」になっている、ということを身をもって知ったことは、それからの自然とのつきあいかたの大きな体験的学習になった。

例えば人間は生物界の大きな「食の連鎖」を動かしているだけでなく「排泄物の連鎖」のなかでも重要な位置にいる、ということである。

今回はモンゴルの「糞話」である。

モンゴルには十年ほど連続していったのでいろんな体験をした。主に遊牧民とのつきあいが多いが、かれらはゲルという組み立てと解体が簡単な半円形の移動式住居に住んでい

チベットの大麦畑で糞をしようとする子どもとそれを狙う動物

る。住居というにはあまりにも単純なつくりだがテントというほどやわなものでもない。内モンゴルではパオ、北方アジアではユルタと呼んでいる。外側を覆うものが布か皮かの違いで名称が変わる。遊牧民は、季節によって家畜のために「いい草」の生えているところに移動するので、こういう簡単家屋が便利なのだ。

さて、この遊牧民のお世話になるときに困るのがトイレである。

なにしろ彼らは例外なく草原に住んでいる。便所というものはないので草原の「そこら」でするのだが、せいぜい四十センチぐらいの草だから身を隠すところがない。しょうがないのでなるべく遠くにいってやるのだが、遊牧民はめちゃくちゃ視力がいいので、たいてい「見えている」。ぼくも視力はいいほうだが、せいぜい1・2ぐらいだ。あるとき遊牧民と「どのくらい遠くまで見えるか競争」みたいなことをしてわかったが、かれらは望遠鏡レベルだった。視力3・0は確実だろう。

まあ、人間が糞をするところなど見てもしょうがないのだから気にしないでやるが、遊牧民の娘なども遠くでしゃがんでいるのが見えたりするから、あまりあけっぴろげの環境というのも互いに困るものだ。

遊牧民は犬を何匹も飼っている。みんな大きくて獰猛である。慣れると可愛《かわい》いが、最初のうちはかなり怖い存在でもある。狼《おおかみ》接近の警報装置みたいな役割がある。ペット感覚はないので名前などはついていない。また人間が定期的に餌をやる習慣もなく、余った骨があったら放り投げてやるくらいだ。だから人間の糞は彼らのごちそうなのだ。

パプアニューギニアで猪豚に囲まれたように、モンゴルでは犬に囲まれる。最初は落ちつかないがこれも次第に慣れてくるから人間も強い。でも仲良くなった犬にベロベロまんべんなく顔など嘗《な》められるのは嬉《うれ》しくない。

場所によっては「タス」と呼ばれるハゲ鷹がいてこいつもやってくる。羽根をひろげると二メートルぐらいあるから何羽もやってくると犬よりも怖い。なんだか数羽で空中に連れていかれるような恐怖感もある。いやはや大自然というとにかくすばらしい、というイメージがあるが状況によりけりなのだ。

感心したのは遊牧民の生活と糞の関係だった。マイナス二十度にもなる冬はゲルの床一面に羊の糞をまき、その上に厚布を敷く。時間とともに発酵し、バクテリアの分解熱によってそれが温かいホットカーペットになるのだ。煮炊きするストーブの燃料は牛の糞を乾燥させたものがつかわれる。なかなか火力があり火もちもいい。草原の国モンゴルでは樹木は貴重なので燃料にはしない。

人間の糞は犬のため、牛の糞は人間のため。

どちらもすぐれた完全リサイクルのなかにある。

落下物を待つ水面の生物

厠の語源が川を便所にしていた、ということはよく知れわたっているが、途上国を旅しているとそれがよくわかる。

途上国の屋台でなにか食べるときは、その国に入って最低一週間ぐらいたってからのほうがいいだろう。水やその国の食物の雑菌に少しでも胃腸が抵抗菌をもったほうが安全だからだ。

日本でも祭りの屋台などもそうだが、食べ物を扱う店にしてはその衛生管理は相当にラフだ。例えばラーメンだと客がつかった食器の残飯は捨てられ、洗ってすすがれるが、もともと水の流しなどないから、洗うのはバケツの水である。すすぎのバケツの水はあまり取り替えられないから茶色に濁っているし、洗いのバケツの水も同じである。それを拭う布も、ときには拭わないでいてほしい、と思うようなものもある。でもそこに熱いラーメンスープが注がれるのだから、まあいいか——だ。

問題は外国の屋台、とりわけ途上国の川ぞいにある屋台は注意が必要だ。すすぎや洗いにつかう水は間違いなく川の水がつかわれる。くんできたときからすでにあやしく濁っている。麺《めん》類もの（例えばフーとかフォーなど）はスープがたいていぬるいから、大腸菌などピンピンしている筈だ。夜にそういう店で食って、翌日同じ所を通ったら背後に流れていたのはほとんどドブ川だった。よく見ると犬だか人のものだかわからない糞などがいっぱい浮かんでいた。まあ喉元《のどもと》を通りすぎているのだからと、旅の底力をつけるしかない。

タイのメナム川を遡上していく小さな旅に出たとき、途中で飯など食っていく。川の左右に沢山の食堂があるので、そういう店に入る。そのあたりは川エビ入りスープがうまくて安くて評判という。

喜んで十匹ぐらい食べた。それから長旅のために便所をすませておくことにした。

これが典型的な「厠」で、つまり「川屋」。メナム川に突き出した高床式の粗末な便所で、川面から十メートルぐらいの高さがある。糞便はそのまま川に落下させるのだが、便所を支える柱が乱暴に縦横ナナメに組まれており、沢山の糞便がそこに飛び散っている。飛んで散ってあちこちこびりついた糞便のほとんどに川エビがとりついてそれを食べていた。さっき自分の食った川エビとよく似ている。しかし色が違う。そこで糞を食っているのは暗緑色だが、さっき自分の食ったのは赤っぽいやつだった。

「別の種類のものだ」

と、解釈したが、しばらくしてエビ・カニ類は熱を通すと大体赤くなるものだよなあ、と気がついた。あとでタイ人に聞いたら「同じものです」とコトもなげに言った。旅をしているとニンゲンはどんどん強くなっていく。

ベトナムも田舎は「かわや」である。道から小さな粗末な桟橋のようなものが出ていて五メートルぐらい先に便所がある。どういうわけなのかまわりを囲む板が四十センチぐらいの高さしかなく、しゃがんで腰から下が隠れるくらいだ。当然男女兼用。

あるところでこういう「かわや」に入ったら水面がざわざわしている。ときどき水しぶきなどもあがる。すぐにわかったがそこは川の上流と下流を網でしきったある種の「いけす」になっていて、一メートル級の雷魚やナマズ系のでっかいやつがいっぱいいるようだ

ここから排便自在。サカナも釣れる

った。それらが落下してくるものをいまや遅しと待っている。元気のいいやつは落下したやつをジャンプして食う。これはいささか怖かった。絶対に落ちないようにしよう、と緊張したものだ。

走りながら排便できる草食動物の「特技」

シベリアの東、レナ川の周辺を旅していたときだ。馬でいくしかルートはなく、八騎ほどで一列縦隊になって走っていた。夏のツンドラは雪と氷がとけたぶんおびただしい数の沼をあちこちにつくり、それは蚊の大群のすみかになる。だからそのあたりを走るときは疾走するしかない。ぶらぶらいったら蚊に刺されまくる。

そんな疾走状態のときにぼくの前をいく馬が走りながら尾をたてはじめた。馬は尻尾の根元あたりに筋肉があるらしく、かなり自由に尾をあげることができる。逆に尾をあげないように抑えることもできる。

馬の種付けのときにサカリのついた雌馬でないと雄馬は絶対に交尾することができない。なぜなら雌馬は「その気」になったときでないと絶対に尾を上にあげないからだ。貞操観念の強い女性がパンツを脱がなければコトが始まらないように、馬の場合は尾をあげないとだめだ。下げるかあげるか、動作は逆だが意味は同じだ。

まあそれはともかく、ぼくの前を疾走する馬の尾が高々とあがった。走りながらサカリになったのか、と一瞬焦ったがよく見ると馬の肛門に黒い丸いものがあらわれ、それがどんどん大きくなっていく。

あれま、なんだろう？　とアホなぼくがハッと気がついたときはもう遅かった。ぼくの前の馬は走りながら糞をしたのだ。そいつとの距離は五メートルぐらいあったが、疾走しながらの糞の放出だから、その糞は見事にぼくにぶつかってきた。糞爆弾だ。

いやはや「あれま？」などとバカ面して気がつかなかったぼくがバカだったのである。そうなのだ。馬は走りながらでも排便ができる。これは草食動物共通のある種の「特技」といってもいいようだ。

若いころ、雪山が好きでよくいったが、山のなかでウサギやカモシカが走りながら糞をしていくのを時おり見た。かれらの糞は甘納豆みたいな小さな丸い形をしていて、それをピッピッと放散噴射するようにして走って逃げる。

草食動物はたいていこの特技をもっているが、それは野生動物が糞便をするとき、犬やネコのように一ケ所で尻を落としてふんばっている姿勢は非常に危険だ、ということを本能的に知っているからだ。

おそらく野生の犬やネコなどはむかしはそうだったのだろう。「飼い馴《な》らされる」ということで弱くなる生物のいい例のような気がする。

人間も文明化がすすむにつれて「便秘」や「慢性下痢」などという不健康な状態になったりする。むかしのサムライは「早飯、早糞芸のうち」といったがそれは本当だろう。戦場で敵と相対しているときに「あいやまたれい、ちかごろ拙者ちと下痢気味で」などと言ってしゃがんだとたんに斬られてしまうのだから。

走りながら糞便できる馬を目のあたりにして、野生動物の強さ、というものを再確認したわけだが人間はいかに訓練しても走りながら糞をすることはできないだろう。

鳥も飛びながら糞をすることができる。鳥類は糞と小便を一緒にするような排泄の仕組みを持っている。だからあいつらは人間が脅かしたりすると飛び立つときにべちゃ糞をひっかけるようなフザケタ真似ができるのである。

なお魚も同じような仕組みのものが多い。ダイビングのときによく見るがかれらは巨大な水洗便所のなかでやっているのだ。

ロシアの空飛ぶ雪隠《せっちん》詰め

一九八四年の話だからかなりムカシだ。ロシアがまだソヴィエト連邦制だったころで、ぼくは八人の日本人と二人のロシア人チームで厳寒期、二ケ月ほどシベリア中をさまよう旅をした。ここでは、主にトイレ糞便関係だけに話の焦点をしぼろう。

モスクワを出たときがマイナス十五度だった。日本からきた身には当然寒い。しかもぼくは一週間前にオーストラリアのグレートバリアリーフ二千キロを大型のダイビング船で北上していた。昼夜、海にもぐり、最終的にはニューギニアをめざした。一ケ月のあいだほぼ赤道の下で海とビールの生活をしていたのである。気温はプラス三十五度ぐらいあったが、毎日海の風を切り裂いていくのだから、かえってその熱風がここちいい。

それがいきなりマイナス十五度なのだ。

モスクワから国内便でヤクート自治共和国（現在のロシア連邦に属するサハ共和国）に向かった。満席のこの国内線アントノフに乗ったときの気持ちをまだ覚えているが、とにかく「暗くて臭い」という印象だった。寒さは臭気を抑えるからなにが臭いのかわからなかったが、つかい古しの飛行機そのものが臭かったのだろう。

一応座席は指定されるが、その席にシートベルトがあるかどうかは「運」しだいだった。ない座席もあるのだ。壊れたり切れたりしても当時のロシアの国内便はそういうものを点検したり修理する機能がなかったようである。プロペラ機だから国内便なのにフライト時間は長く九時間かかる。シートベルトがない人はそのあいだ乱気流に巻きこまれたり墜落しないように祈るしかない。

しかし、あとで知るのだが、たとえシートベルトがあろうがなかろうが、「結果は同じ」というのが当時のロシアの航空便の考え方だった。例えばシベリアのどこかのタイガに墜落したとする。そのあたりはマイナス四十五度ぐらいになっている。墜落すればエンジンはとまる。その日のうちに救助隊がきてくれないかぎりシートベルトをしていようがしてなかろうが、生き残ったとしても生身の体は凍傷になる。時間が経てばそのまま凍死だ。

そして当時のロシアには厳寒期のシベリアタイガに墜落した飛行機を迅速に救助できるシステムはなかった。簡単にいえば「落ちたらもうおしまい」という平等の精神と大勢のなかにあったのである。

もうひとつ驚いたのは暖房がなかったことだ。つまりは完全冷房である。客は毛布を頭からかぶってうずくまっていた。機内の電灯は豆つぶのようなもので、まだ目がやたらよかったぼくはそれでも本を読めたが手袋をしたままである。さらにもっと驚いたのは「たちのり」の客がいたことであった。つまり指定の座席のない客である。実際には便所のあたりの空間にへたりこんでいたが、七、八人はいた。一般の客である。

この季節、シベリアの空路はつねに欠航の連続だった。モスクワには常時千人ぐらいの飛行機待ちの人が毛布をかぶってまさしく難民状態で待機していた。

その飛行機に「たちのり」でも乗れた客はラッキーだったのである。ただしそれでなくても巨大なロシア人が外套《がいとう》や毛布でふくれあがって便所のまわりにごろごろしているのでトイレにいくのがひと苦労だった。なかで用をすませて出ようとするとやつらはドアに寄り掛かっていてなかからはあかない。空飛ぶ雪隠詰めだ。

915
CCCP

アントノフの「便槽」

アントノフのトイレがもの凄かった。飛行機に乗ったときに「臭いな」と思ったのは古い飛行機の内部全体が人間の体臭やいろんなものの残存臭気を吸収しまくっているのと、このトイレに原因があるのだとわかった。

なんというのだろうか。日本的にいうと「ボットンためこみ式」である。

便器にはゴムの覆いがある。沢山の三角形のゴムが周囲から出て全体をフレキシブルに丸く覆っている、という形状になっているが、その下には「便槽」があり、そこにポチャンと落とす、という仕組みだった。三角形のゴムは「はねかえり防止」の役目をしている。揺れて動いている飛行機とともにその「便槽」のなかのものも常にチャプンチャプン揺れて動いている、という感じだった。

旅客機だからそんなことにはならないだろうが、あれでもし宙返りでもしたら、あのなかのものはどんどんあふれ出てくるのだろう。

飛行機の振動で常にそのなかのものはあっちこっちへ動いているから当然臭気もストレートに立ちのぼってくる。

こいつで用をたしたあと、ぼくはこれからの恐るべき「ロシアの旅」のまずは軽いジャブに似た先制攻撃を受けたような気分になった。

「この国をなめんなよ」

と、そのシステムは言っているのである。

「けっしてなめません」

という対応をするしかない。

そのあとだいぶ経って思いだしたのだが、あの「便槽」が位置しているキャビン下もマイナス四十度ぐらいにはなっているだろうから、溜まっている小便まじりの糞便も凍っていってしかるべきだった。しかし飛行機であるからたえずチャプチャプと揺れ動き、かたく凍っている余裕がなかったのだろう、と思うのだ。全体が凍っていないぶん、目的地の

シベリア鉄道の凍りついた糞便

空港に着いたとき「糞便処理係」はそこそこ楽ではあったろうと思う。
それは、そのあとシベリア鉄道での旅をしたときに思った。鉄道のトイレの糞便はすべて外にタレ流しの状態になっているのだが、トイレの下は頑丈に凍りついた糞便によって白と灰色と黒と茶のまじった複雑な配色の凍塊になっていたからだ。あれを掃除するには大きなハンマーで叩き割り、こまかく粉砕して回収廃棄するしか方法はないだろうとシロウト目にも理解できた。
その点、飛行機は揺れが（いいんだか悪いんだか）安易な凍結を防ぐ役目をしていたのである。
アントノフはやがてヤクート自治共和国の首

都ヤクーツクの凍結した空港に着陸する。

降りるときに凍結した滑走路に飛行機のタイヤがスリップし、とんでもない方向にいってしまうのではないか、と心配したが、そんなこともまったくなく、きわめてノーマルなソフトランディングであった。

ただし、駐機場に移動していってエンジンがとまり、いよいよ「見知らぬ期待と不安」の国に降りる、ということになったとき、なかなかそれができなかった。理由は簡単でシベリア上空外気マイナス六十度ぐらいのところをずっと飛んできたアントノフのドアは固く凍結していて人力などでは簡単には開かなくなっていたのだ。

まもなく「ドアあけ専用機」がトラックに乗せられやってきた。といってもガスバーナーがついていて、それでドアの輪郭を高熱で溶解していくだけであった。溶接の逆だ。

ヤクーツクの便所には便座がない

ヤクート自治共和国の首都はヤクーツク。ぼくらが到着した日はマイナス四十度だった。同行しているKGBのベリコフという男がマイナス十五度だった出発地のモスクワを「暖かい」と言っていたが、その意味がこのシベリア極東の街にやってきて初めてわかった。

飛行機から航空事務所や待合室のある建物まで歩いていくのだが、外に出るとみんなが咳《せき》をしていた。ぼくもしきりに咳が出る。

最初のころはなんでだかわからなかったが、長い滞在中に、常温に近い室内からいきなり外に出ると必ずその咳が出る、ということの理由がわかってきた。

体温は少なくとも三十六度はある。その肺にいきなりマイナス四十度の外気が入ってくると、肺の細胞が対応しきれず、咳を何度もして外気と順応しているらしいのだ。

同時に外の空気を吸うとすぐに鼻毛が全面的に凍る。これは感覚的にわかる。口から吐く息が髭《ひげ》、睫毛《まつげ》、眉毛、帽子から出ている髪の毛を凍らせる。その時間一分ぐらいである。

飛行機から待合室に歩いていくのに三～五分はかかる。まわりを歩いている人を見るとみんなサンタクロースみたいな顔になっているのがおかしかった。睫毛が凍ると風景の輪郭が白くぼやけて、むかしの映画の「夢の場面」みたいになるのも面白かった。

建物の入り口は三重である。古めかしいゴムの反動を利用した「原始的自動ドア」であった。

なんだかなにもかも「異次元世界」に迷いこんでしまったようで、モノゴトが自分とは関係ないように進んでいく。あれは脳がその厳寒によっていくらかマヒしていたのではないか、とあとになって思った。

そのままホテルに向かう。外は霧が出ていた。

それもあとでわかってくるのだが、約一ケ月の滞在期間中、その霧は晴れることがなかった。それもその筈、その霧は「居住霧」といって街全体でつくり出している一種の「人口霧」なのだった。

街にしか出ない霧である。原因は人間や動物の呼吸、暖房用に燃やす湯気、煮炊きから出る湯気、自動車の排気ガス、それらが全部空中に滞留して霧のようなガスになる。

それから冬は昼間の時間が短い。午前十一時ぐらいに太陽があがるようだが、晴天でも街にいると遠い霧のなかのぼんやりした月みたいにしか見えない。しかも遠いタイガの樹木の上あたりまでしかあがらず、それがころがるように横に移動していって午後三時ごろには力つきたように大地の下に潜っていってしまう。基本的に霧に閉ざされた「暗い街」という印象だった。

街をいくクルマはヘッドライトをつけてノロノロいく。クルマのタイヤはみんな日本でいう「ボウズ」だった。これではちょっとブレーキをかければたちまち滑って制御不能になるのではないかと思ったが、極寒世界というのはなにもかも我々常温の国とは常識が違っていて、ボウズのほうが安定するのである。その理由は凍った道路だとタイヤの沢山の面積が触れていたほうがいろいろな制御が効くからだ。にわかには信じられない話のように聞こえるだろうが、真実はそういうことなのである。

さらにクルマは一度動きだしたら一分以上の停車はできない。エンジンやブレーキ系統が凍ってしまうからである。だからどうしても一ケ所に止まっていなければならないときは、クルマは常に前に十メートル後ろに十メートルなどと動いているのだ。

＊

我々が泊まったホテルは、ヤクーツクでも上級ホテルであったが、日本の上級とは意味が違う。築五十年はいくだろうと思われる老朽化した建物だった。けれど暖房が効いているからなにも文句ありません状態なのだ。マイナス四十度の街を移動してくると、価値の頂点は「温度」であった。

その点、スチームが各部屋ごとに効いており、窓も三重だった。いちばん外側のガラスに氷がはりつき、いちばん内側のガラスには室内の湯気が水滴になってくっついているから外はほとんど見えない。

そのうちに、暖房が強烈すぎる、ということに気がついてきた。寒ければ文句を、暑ければ文句を、ということになってしまうが、その暖房が普通ではないのだ。Tシャツ一枚で十分、ややもすると汗をかきそうになる。しかもその暖房は温度調整ができなかった。それも次第にわかってくるのだが、こういう極寒地帯では暖房のメンテナンスが生命線だから火力発電所がフル稼働している。そこで温められた水が外側を直径五十センチはある太い配管の倍ぐらいの防寒装備をされて街を縦横に走っている。その配管のなかの熱い湯が暖房になりシャワーになり、その湯を冷やしたものが飲み水になる。

けれどその水は何十年もつかわれている鉄管を通ってくるから常に錆《さび》や黴の臭いがしてまずいのなんの。しかし、それが人間にとっての生命線であるのはかわりなかった。

トイレは水洗になっていたが、どのトイレも便座というものがなかった。

我々は護衛であり、監視役であるKGBの二人を含めて十人の取材チームだったのでそれぞれの部屋のトイレ状態を報告しあったが、どの部屋にも便座というものがまったくない、ということがわかった。

部屋ばかりではなくレストランなどにあるトイレにも便座はなかった。

「この国のトイレにはそもそも便座というものが存在しないのではないか」という推論も

マイナス40度。ヤクーツクの便所

出たが、便器をよく観察すると、便座を上げ下げする取り付け金具らしきものがどこにもちゃんとある。

ということは、むかしはどれにもちゃんと便座がついていたのだが、ことごとく壊れてしまい、壊れてもそれを直す、という思考もメンテナンス技術もなにもないのではないか、という結論にいたった。

これもあとでだんだんわかってくるが、どうやらあたっていて「なければないでいいじゃないか」という思考のもとにこの国は機能していたのである。

そういうものに慣れていない我々は、どうやるか各自でいろいろ工夫することになる。

ある者はどこからかダンボールの切れっ端を探してきてそれを敷いたり、持参していたスリッパを敷いたり、といろいろ涙ぐましい努力と工夫をしていたのだった。

でも結局はロシア式に「ええい」と靴ごと便器の上に跨《またが》ってしまう、という方法がいちばんなのだ、ということに我々は気づいてくる。

心配なのはロシアには信じられないくらいの大男が多いということだ。女性もおばちゃんになるとおしりが直径一メートルはあるお化けカボチャぐらいになってしまう人が沢山いる。

推定百三十キロぐらいの人が跨って、どこまであの陶器の便器が耐えられるのだろう。コトの最中に「バキッ」と陶器が割れて人間が落下した場合の惨状を考えるのは辛いことだった。

しかしそんなことを心配している前にまず自分の問題だった。

股間部凍傷の危険

極寒地も、人が住んでいるところだったら行政によって人の命を守るために生きていける最低の保護装置ができていた。だから日常に危険を感じることはなかった。

しかしそれが逆に贅沢な不便にもなった。ホテルの部屋の暑すぎる暖房などもそのひとつだ。部屋に入るとTシャツ一枚になる。その姿になるまでがたいへんだ。日本の感覚でいったら厚すぎる上着からその内側の衣服、そして下着までたいへんな数を着ている。靴下まで脱ぐのに十分ぐらいはかかる。それで数時間過ごせるならば問題はないが、一時間休息してまた外に出る、などというときは最悪だった。例えば脱ぐのと着るのでなんだかんだ三十分近くかかる。面倒だから外出着で汗を流しながら待機していて外に出ると、その汗がすぐに凍って攻めてくる。

マイナス40℃以下にもなるヤクーツク

そういう極端な気温の変化に体を順応させることが結局はいちばん効率がいいこと、と気がつくまで一ケ月ぐらいかかった。そしてそのころには実際に否応なく体が極寒に自然順応しているのであった。

人間居住区ではそうやって慣れていけば問題はなかった。しかし我々は取材にきているのだから毎日移動しなければならない。

マイナス四十度以下の荒野に一日いれば当然ながら数回は小便をしたくなる。それがけっこうたいへんだった。これを読んでいる常温の場所にいる人には見当もつかないだろうが、例えばタイガのなかで立ち小便をするのでもなかなかの大仕事となる。

とくに馬で原野をいくときなどはいちばん上に熊の毛皮などを着ている。厚み十五センチぐらいあるやつだ。オーバーズボンも熊の毛皮だ。

そしてその下に沢山の衣服を重ね着している。いっそのこと現地の人の服装そのままのものを下着から上まで着てしまえば問題ないのだろうが、なまじケミカル素材の、最新耐寒衣服などをつけている。それらの「着膨れ王」のような恰好で小便をするときが一大事だった。

まず、手をつかうわけだからいちばん外側につけているミットみたいな熊皮の手袋を外す。その下に標準装備でいうと純毛の厚手の手袋をしている。さらに薄手の純毛の手袋をしている人もいる。そしていちばん内側には絹の薄い手袋をつけていた。その絹手袋でズボンの前ボタンを操作する。もとより絹手袋になった段階でマイナス四十度以下の寒気は手の神経に強烈な硬直感となって襲ってくる。常温の国の言葉で簡単にいうと「かじかんでくる」というやつだが、こういう世界ではレベルが違う。思ったように手の神経や筋がスムーズに動かないのだ。

そのぎこちない手つきで熊の厚い毛皮のオーバーズボンの前ボタンを開き、その下の通常五重ぐらいになったズボンの前ボタンをあけていく。体は焦っているが、それとは逆に動きは鈍く遅い。

ようやくなんとか自分の「モノ」を探しあてる。断っておくが「人間のオトコのモノ」はこの極寒のなかではだれしも確実に萎縮している。幾重にもなったズボンの前ボタンの扉の奥の奥のほうに「彼」は恐怖畏怖《いふ》し、虚しくちぢこまっている。それをしっかりさせて、なんとか照準を前方空間にあわせ、発射準備するのである。玩具《おもちゃ》のロケット発射のようなもので、角度がちょっとでも狂えば、溜まりに溜まった小便のどれか一筋が放出窓のどこかにぶつかって滞留する。そのあと待っているのは数分後の股間部凍傷という絶望だ。

シベリアで息絶えていく大便

極寒地では立ち小便ひとつがたいへんな作業になる、という話をした。

さて、やっとのことで自分のモノが五、六枚重ね、厚さにして二十センチ以上の「穴」の奥から正面のなにもない（と思われる）空間に向けて照準を決めた。と、思ってもあまりの厚着で自分でのぞいて確かめることができないのだ。ほとんど「勝負！」の気分で発射する。それまで我慢を重ねてきたから、前方をさえぎるものがなにもないかぎり、わが小便は惚《ほ》れ惚《ぼ》れするほどのイキオイでマイナス四十度以下のタイガの空中に飛び出していく。

発射大成功！

地上に落下するまで、常温のときとかわりない優雅な（？）曲線を描いて地上に落ちていく。違うのはそのあとだった。マイナス四十度以下の空間に少なくともプラス三十六度以上ある小便が飛翔していくのである。着地するまでにすでに始まっているのだろうが、感覚的には着地したとたんに湧き上がる大量の湯気にややたじろぐ。おれは温泉人間か？と錯覚するぐらい大量の湯気がそこらにただよう。あたりの凍った空気からいったら「温水」が噴射された、というふうに反応しても無理はない筈だ。寒いのでそういう場合も顔の下半分を防寒物で覆っているからいいけれど、なければ自分の小便にむせてしまうくらいの濃厚な湯気とその量である。常温でも常にそのくらいの湯気は出ているのだろうか。見えないだけなのか。極寒では排出したものが全部湯気となるからそう見えるのか。そのへんは科学的にはよくわからない。

とにかく、発射角度を間違わず、我慢に我慢を重ねていたものが排出される「放出の喜び」といったらない。小便一発でこのくらい人間の心や体を解放させる事態はシベリア以外ではあまりないだろう。

休憩所ひとつない原始のタイガに入ってしまうと、当然「野糞」もしなければならない。しかし、意外に思うかもしれないがこれは小便よりも手続きは楽なのだ。まあそれでも六、七重の「したばき」を全部下ろすにはそれなりに細心の注意と、そこそこの労力を必要とするが、しゃがんでしまえばこっちのものだ。あとはバランスだ。着膨れぐあいはナミではないから慣れないとひっくりかえる。

このとき注意すべきは、バランスを崩して尻餅《しりもち》をついてしまった場合、そこに運悪く鉄板などがあったらおしまいだ。鉄板は確実に剝《む》き出しになった肌に密着する。シベリアではこういう場合「鉄が嚙《か》みつく」という。鉄板と当人をみんなで持ち上げることができればしかるべきところまで大急ぎで運んでいって医師が尻と鉄板を切りはなす。もちろん切るのは人間の尻のほうだ。

持ち運べない、例えば線路などの場合だったら、その不幸なる人は線路とともに永久にそこにいなければならない。凍死しか道はないが、鉄路との無理心中は無念が大きすぎるだろう。

こういうリスクもあるから小便も大便も素早くすませたときの勝利感、解放感といったらない。終わったあとの手早くすべき後始末まで手の感覚は正常であり、始末される体の側も正常であれば、これにまさる人類の勝利はない。

終わったあと、身支度をして、さっきまでおのれのなかにいた「モノ」が極低温のなかで急速に凍結していくさまが見てとれる。

みるみる息絶えていく大便は悲しくそして美しい。

うまションビールの悲劇

ヤクート自治共和国の原野で大小便をするには、それ相当の技術と覚悟がいるが、体にあわないものを食べて下痢をしたりしているときは、ちょっとタイガの奥に入っていけば、そこいら中ですぐに出せるのだから、そのへんの許容力（自然の）はありがたい。

問題は、ヤクーツクの街なかでモヨオシたときだ。チームはほとんど探検隊の覚悟と装備でこの極寒地帯に入ってきているから胃弱も腸弱（？）もおらず防寒のためにもみんなよく食って健康だったが、一度、いきなり出会ったビールにやられたことがあった。シベリアではめったにビールなどない。商店にもないからそもそも流通していないのだ。

しかし、ときどき闇のビール屋が電撃的に路上の片隅でできたてのビールを売りだすことがある。我々は、事前にそんなこともある、という話を聞いていたので、闇のゲリラビール屋がやってきたら知らせてくれ、と何ケ所かと連絡網をもっていた。

そしてあるとき、その電話連絡が入った。

「それっ！」と五人でかけつけた。

街の一角に人だかりがあったのですぐに闇のビール屋とわかった。行列をつくっている客ひとりにつき三本の配給だった。ビール瓶はちょっとふくらんだサイダー瓶ぐらいの大きさで、それぞれにロシア語で「ピーボ」（ビール）という安っぽい印刷があった。ちょっとびっくりしたのはそれぞれの瓶に「日付」のスタンプが押してあることだった。

ちょうどそのころ、日本のビール業界で、おいしく飲むためにその目安となる日付を入れるメーカーがあらわれ話題になっていたから、この地の果てのロシアもたいしたものじゃないか、と我々は大いに感心したものだ。

五人が三本ずつかかえ、心躍らせながら安ホテルに帰った。

その日はさっそくビール大会である。

飲む前に「ただし」と同行のＫＧＢのベリコフは言った。「ロシアのビールはあなたが想像しているビールと少し違う味かもしれない。ロシアではこれを〝うまショシビール〟とよく呼んでいます。うまい、の〝うま〟ではなく、馬の〝うま〟です。つまり馬の小便よりまずい、のたとえです。いいですね。意味わかりますね」

残念ながらぼくはそれまでまだ馬の小便は飲んだことがなかったので、〝まずさ〟の基準がいまひとつわからない。馬の小便——はジョークとわかっていたが、西側（我々もふくめた）の国々のビールとはだいぶ違う、ということはなんとなくそれまでの成り行きと雰囲気でわかった。でもビールはビールだ。

ビールに飢えていたぼくはかまわずそれをグラスに注いだ。普通のビールと違うところはその液体の色だった。灰色をしているのである。トクトクトクと注いでも、泡というものは出ない。表面にせいぜいドブ川のアブクのような直径三センチぐらいのものが三つか四つ折り重なった。

とにかく三週間ぶりぐらいにビールを前にしたぼくはそれを迷わずごくごく飲んだ。

「ふーん」

たしかにそれはヘンな味だった。素直にビールとはいえない。しかしこういうビールもある、といわれたら「そうなんですか」と答えるしかない。とびきり不味《まず》くて吐き出してしまうわけでもない。アルコール分は三パーセントぐらいある、とベリコフは言った。あくまでも「ぐらい」だ。

＊

酔えばなんとかなる、と思っていた独特のヘンテコな風合いと味はなかなか酔いにまぎれず、ロシアンビールはずっとドブ川のアブクのようなものをいくつかコップの上にうかべていた。

五人のうちのひとりは一本しか飲まず、ウオッカに切り換えた。ベリコフは最初からビールには手を出さずウオッカだ。

したがって十四本の「うまションビール」はぼくを入れた四人で飲んでいてよかった。

でも、うまションビールは飲めば飲むほど、故郷のあの泡のシュワシュワいうホップの効いた「黄金のビール」を思いおこさせ、そのうちくるだろうという酔いもなかなか感じず、そのうちぼくをのぞいた他の人はみんなウオッカにかえてしまった。ぼくは半ば意地になって「おッ！　だんだんうまくなってきた。けっこうイケル！」などとウソを言って、折角手に入れたそのロシアンビールを飲み続けていった。でもひとりではとても飲みきれず、残ったのを全部ぼくが持っていってよいことになった。

部屋に冷蔵庫はなかったが、三重窓のあいだに置くとなんでもかなり冷える、ということをぼくたちはそのころにはしっかり発見していた。

ぼくは自分のものになったそれを三重窓冷蔵庫に保管し、しばらくはビールが飲める、というヨロコビに浸った。いつかこのヘンテコな味と風合いも体のほうが受け入れるだろう、という「体質改善順応作戦」までも考えていた。そうして一日の仕事が終わって部屋に戻ると大切に一本ずつ飲んでいた。窓冷蔵庫は思っていた以上に効き目が凄く、数日経つとビールは半分ぐらい凍ってしまうことがあった。

凍結カメラ（の結露対策）用に小さなヘアドライヤーを持ってきていたので、そういう場合はそいつでじっくり氷解させていった。もうそんなことをしたら絶対まずくなるばかりだ、ということはわかっていたが、すぐ飲むためには他に方法がなかった。部屋のなかに置いておいたら調節の効かない超暖房によってあったかいビールになってしまう。

そんなことをしていたある日ぼくは突然凄まじい腹痛に見舞われた。転げ回るような痛さだ。急速な下痢の兆候で、すぐにトイレに飛びこんだ。例の便座なしのトイレだ。激しい下痢だった。腸がねじくれるようだ。それから痛みがくるとすぐにトイレに飛びこむことになった。むかえにきた取材チームに話し、そんなわけなので午前中だけ休ませてほしい、と頼んだ。そして強烈胃腸ねじまがり下痢は結局その日の夜まで続いた。

原因はなにか、ということになった。そしてあとでわかってきたのだが、ぼくが窓冷蔵庫に保管して飲んでいたうまショョンビールがどうやら原因らしかった。ロシア人に聞いてわかったのだが、そのころのロシアのビールの製法は「熱処理」も「濾過《ろか》」もしないつくりかただったのだ。簡単にいうと熱を加えたり細かい網ですくったりして、ビールのなかに沢山いる不純物（微生物だっていた筈だ）をいっさい取り除いていない原始的な製法だったのだ。瓶に数字が書いてあったのは出荷した日であり、早く飲まないとそのなかにいるいろんな菌がどんどん増えて体に悪いですよ、と伝えていたのだった。あのとき顕微鏡であのうまショョンビールを覗いたらいろんな形をした菌類がウヨウヨ泳いでいたのかもしれない。

驚愕《きょうがく》の地下トイレ

ヤクート自治共和国からロシアのイルクーツクに向かった。そこはシベリアのパリといわれているところで、一週間ほど泊まった。

ホテルのぼくの部屋は七階にあり、三方向に窓があった。その部屋はまわりのどの建物より高く、街なかにしてはかなり豊富にある樹々には全部樹氷がついていて美しかった。このシベリア二ケ月の、かなりハードな旅のなかでは最高に贅沢な場所だった。

ホテルの前にはアンガラ川が流れ、そこからは温泉のような湯気がたちあがっていた。けれど温泉ではなくプラス二度から三度の冷たい川の水なのだ。あたりがマイナス四十度はあるので相対的に水のほうがあたたかく、それで湯気のようなものがたちあがっているのだった。でもそれらのいずれもが美しく、さすがにシベリアのパリだ、と感心したもの

夏のイルクーツク。真ん中の小屋が有料便所

だ。こういうきれいな街にきたら、いろいろおしゃれなものと出会えるだろうと期待した。それまでがあまりにも、いろんなものがもの凄かったからだ。

ところが、到着した最初の日に街でも有数のおしゃれなレストランに入って、たちまちその期待感は粉砕された。

例によってトイレ問題である。

レストランの食事はそこそこおしゃれでおいしいものにありつけた。ビールはなかったがシャンパンがあった。ぼくはグラスにシャンパンを乱暴に注いで泡をいっぱいたて、それをビールの泡に見立てる、という虚しいことをしていた。だからなのかまた下痢気味になった。トイレは地下にあった。個室が並んでいる。そのひとつのドアをあけてわが思考は混濁し、続いて硬直麻痺《まひ》化した。

目の前に凄まじい風景が展開していたからだ。はっきり書くが、個室のいたるところ糞便の山だったのだ。便器の便槽は水が流れていないか、もしくは詰まっているかしているのだろう。

そこはいろんな人の糞便で山盛りになっていて、ヤクーツクの便座なしのトイレのように便器の上に靴ごとまたがって用をたす、というレベルではなくなっていた。それだからだろう。便器のまわりに糞便がちらばっていた。まさしく足の踏み場がないくらいだ。

ぼくは、ここは壊れているトイレで修理が遅れているのだろう。本来あけてはいけなくて、そのことがドアのどこかに書いてあるのだろう。ロシア語だからわからなかったのだ、と解釈し、隣の個室のドアをあけた。驚いたことに隣も同じような状態だった。

もう何日間も掃除というものをしていないのだな、ということが、個室にちらばるそれらのさまざまに異なる糞便の色あいや乾燥具合などによってかなり長期にわたるものとわかる。それらのなかにはいったいどういう恰好をしたらこの場所に糞便を落とすことができるのだろうか、としばし考えこんでしまうようなものもあった。

便所そのものはそこそこ普通の温度になっているので、便所空間に入ってきたときから臭気も凄まじかった。しかしそのころにはロシアの便所はみんな臭い、ということに慣れてしまっていたから、たいして気にならなかったが、あの色とりどりの各種糞便の散乱状態は、悪夢のようであった。「ぬあーにがシベリアのパリだあ！」正直そう思った。

一流レストランでこのありさまだったから、あとはみんな同じでさして驚かなくなっていった。共産国家は便所を掃除する知恵がないのかもしれない、とぼくは判断するようになっており、それが確信されていっただけだった。

「ツチノコ」級の凍結物

シベリアのパリ、イルクーツクの一流レストランでさえあのとおりなのだから、大衆料理屋のトイレといったら、鼻七重曲がりと化し、思考能力はたちまち破壊される。そうして驚くべきことに、しばしばその凶悪トイレが厨房の隣にあったりするのだ。

だから、慣れてくると街なかの公衆便所のほうがまだまし、という対応能力が生まれてくる。なぜなら街なかの公衆便所は完全冷房だからだ。もちろん掃除はされていないから糞便の量や汚さは変わらない。しかしたいていマイナス四十度以下だから、糞便はすべて凍結している。つまり臭いも凍結されているのだ。ただし床は小便だかなんだかわからないものによってツルツルに凍っているから、すべって転ぶ危険はある。何事もプラスとマイナスがあるのだ。しかし、こういう凍結公衆便所を見て考えるのは「リンゴの花ほころび、川面に霞たちい〜〜〜」などというロシアの歌の文句にあるようにシベリアにもやがて春とか夏がやってくるのである。おびただしい量の凍結された糞便はリンゴの花がほころぶのと同時に全面的に解凍されていくのである。

そのとき、もちろん臭気も解凍されていく。あのゲル状化した大量の糞便が溶けて流れていく凄まじさを想像するのはかなり勇気がいる。ロシア人といってもまさかそれをそのままつかうことはできないだろうから徹底清掃しなければならないが、あれを掃除するのはもはや不可能ではないかという絶望的判断もある。いっそのこと「爆破」したほうが早いのではないか、とぼくは思った。いったん爆破して瓦礫《がれき》を穴に埋め、あらたに公衆便所を建設したほうが話は早いような気がする。シベリアの春は街のあちらこちらの公衆便所の爆破の音が風物詩となる。そういうコトがつまりは革命的ではないのだろうか。

街を歩いていて困るのは、ふいに襲ってきた便意に対応できる場所がきわめて少ないことである。旅人も慣れてくると、そういうときになんとかなる場所の見当がついてくる。

シベリアの街でよく見るのは大きな門で、工場などはしばしばそれがあいている。その大きな扉の後ろが狙い目なのである。あるとき、せっぱ詰まってそういう場所に入りこんだ。人間は同じ環境のなかでは同じような考えをするもののようで、そういう場所にはたいてい先客のやったあとがある。

そこで見たある日のロシア人の凍結ウンコに驚愕した。巨大なのである。最初見たとき「ツチノコ」がいるのか、と思った。しかしここはシベリアのマイナス四十度の世界である。そんなものが生きられるわけはない。頭ではそう理解できるが、しかしそのとき見たロシア人のウンコの巨大さは、またしてもわが思考をマヒさせるような尋常ではない大きさだった。ビールの大瓶の太さである。しかもそれがビール瓶より長い。

ロシアの靴屋に入って驚いたのは靴の大きさだった。三十センチぐらいの大きさが、日本でいうMサイズなのだ。それはうなずける。たしかにその旅の途中で出会ってきたロシアの男も女もみんな巨大だった。巨大な男はやはり巨大なクソをする。それは物理的に当然のことだろう。しかし待てよ、と思った。ぼくは一方的にそのビール瓶糞が男のもの、と思いこんでいたが、そうではない可能性だってある。あなどれないロシア。タフでないとこういう世界の旅はできないのだ。

空港トイレにあらわれる男の正体

ここからは、まだ書き忘れていた糞便話のアラカルトといきたい。だからあっちこっちに話はトブ。

はじめに、日本の便所を褒めたたえたい。水が豊富、ということが背景にあるのだろうが、公衆便所のレベルはたぶん世界一だろう。

どんな田舎にいっても公共の公園などにある公衆便所のほとんどは水洗である。トイレットペーパーも完備しており、しかも予備のものまである。個室のドアは隙間なくピタリと閉まるし、内側からカギまでかかる。水洗が壊れて糞便が山のようになっている、ということもまずない。壊れたら修繕されるまで短期間閉鎖されるから糞便の山とならないのだ。公共のそういう施設をきちんと機能させる行政や、その下請け業者などが勤勉かつ真面目なのだろう。

「万国公衆便所博覧会」などというものが開催されたら日本はかなり上位にいけるだろう。公園部門などはきっとグランプリだ。

逆にいうと、世界の公衆便所には日本のような掃除が行き届き、排水機能も確実で、危険もまずない、というところは少ない。

空港など比較的きれいなトイレでもアジアなどはよくわけのわからない「便所男」としかいいようのないやつがいる。用をすませ、手を洗っていると「便所男」が手になにかもっていつのまにか背後にきてボーッと立っていたりする。トイレットペーパーを十センチぐらいに切ったのを一枚持っていることが多い。それで手を拭け、といっているのだ。ハンカチがあるからそんなものいらない。ましてや十センチの切れっ端だ。それでなにがどうなる。でも日本円でいうと三円とか五円ぐらいのチップを払ってそのカミを受け取らないとなんだか気味が悪かったりする。

ちゃんとした便所サービスマンとして雇われているのかどうなのかよくわからない。

勝手に「便所男」になっているのかもしれない。施設側はそういうのがいると少なくとも犯罪防止の役にたつと思って容認しているのか、モグリで排除されるまで自主的にやっているのか、あまりかかわりあいになりたくないのでまだ聞いたことはない。

だいぶよくなってきたとは聞いているがアメリカの公衆便所にはまだ入る勇気がない。ところによっては冗談ではなく「死」を覚悟して入らねばならないようなところがある。まあよほど切羽詰まったとき以外、旅人は入らないほうが無難だ。

どんな危険があるか。ひとつは麻薬系。恐喝、というケースもむかしは多かった。欧米の公衆便所の扉が、下が膝《ひざ》ぐらいまでしか隠れないのは、そういう個室での犯罪を防ぐためというが、やる気になったら彼らにそれはさしたる抑止力ではない。

＊

日本のトイレの優秀さ（機能、管理、清潔）などでつけくわえるのを忘れていたのは、自由に入れるトイレの数である。

ちょっとした街を歩いていて急にモヨオシたときなど、血まなこになってトイレを探し、それでも見つからず憤死（糞死）する、などということはまずない筈だ。前回書いたように公園にいけば掃除された水洗トイレがあって、めったに「故障中」などということはない。なによりもすばらしいのは多くのコンビニにトイレがあることだ。便利店――というがまさしく、とうなずくしかない。ガソリンスタンドだって、別にガソリンを入れなくてもトイレぐらい貸してくれる。

アメリカのコンビニは、ドラッグストアやデリカテッセンのようなものだが多くは個人経営が多いので、売買差益のたかが知れてる商品を買うくらいでトイレを汚されたりしたらあわない、という考えかただから、よほど親しい客でないとトイレは貸してくれない。日本みたいに大勢の喧騒《けんそう》に紛れて入れるパチンコ屋というものもない。

アメリカの公園のトイレには勇気がないと入れないし、デリカテッセンもガソリンスタンドも駄目、ということになると、よほど切羽詰まった場合、レストランのようなところを頼るしかないのだけれど、これもいきなり入っていってトイレ貸して下さい、では通用しない。

とりわけのどが渇いているわけでも空腹でもないけれど、まずレストランの席についでウエイトレスが「ハーイ」なんていってメニュー持ってきてからしばらく迷うふりをして結局コーヒー、なんてのを注文する。

注文しておいて「トイレを貸してほしい」と頼む。多くの店はそれぞれ個別にカギつきのトイレがあるからそのカギを貸してくれる。いいのはその場合先客がいないことがその段階でわかることだ。先客がいると「少し待って」などと言われる。

カギをもらってようやくアセル気持ちでその店の専用トイレを探す。これがなかなか入り組んでわかりにくいところにあったりするのだ。さらにカギがひねくれたやつでなかなかあけにくかったりする。

もう一刻の猶予もないような場合は、このあたりで事態は緊迫サスペンスの様相となってくる。糞便を我慢していて、トイレがもう目前、ということになってくると人間は緊張感が緩み、ついでに肛門の括約筋も緩んだりする。まあたいていなんとか間に合うが、マが悪いとトイレの前で阿鼻《あび》叫喚、という状態になる可能性もある。

その場合は、カギを持ったまま逃げるしかない。無銭飲食、窃盗《せっとう》、器物損壊――ではないな、店裏汚濁、というような罪になるのだろうか。ズボンをずり上げつつ逃げなければならない。捕まったらどうなるのか恐ろしくてちょっと見当がつかない。

日本でもうひとついいのは、これだけトイレがいたるところにあるのに男はそこらの路地とか木の下などで立ち小便をわりあい簡単にやってしまうことだ。これは日本国民全員のモラルの問題で、先進国ではもっとも遅れている、もしくは〝おおらか〟であるのかもしれない。むかしモンゴルのウランバートルで立ち小便していた友人が警官の警告および職務質問にあったことがあった。ただしモンゴルでの路上での馬の立ち小便は自由である。

あらゆる動物は糞便姿勢がいちばん危険

この話、先進国から途上国までの「どこでやるか」問題に入っている。

これまでは日米対決。これは完全に日本が十対一ぐらいのわりあいで「どこでも簡単に安全にできる」という部門で勝っている。

途上国ではネパール、インド、モンゴル、南アフリカ、ブラジル、ラオス、カンボジアなどが体験的に優位にたつと思う。その気になればどこでもできるからだ。日本でいう立ち小便的気楽さで女性も野でやっている。

ネパールなんかはちょっと街を出ると川原などで男女とも平気でしゃがんでいる。男の場合は大便だが、腰巻きの国は小便でもしゃがむところが多いからその区別はつかない。女性は不明。どっちとも区別はつかない。

しかし、そもそもそういうコトはどっちでもいいのであった。そういう風土にいると、多少誰か人の目があろうとも、人間なんだから「こうなるのはあたりまえ」ではないか、という生物の本質的な感覚が大きくふくらんできて、そういう姿を見て、特別に目を逸らしたり、じっと見つめたりするのはオロカなことなんだ、という気持ちになってくる。

本質的に絶対汚れている公衆便所に入るよりは川原のひろびろとしたところでやったほうが断然気持ちがいいし、そこらの野の草花も栄養だ！　と言って喜んでいる筈である。

モンゴルも似たようなところがある。こっちは草原の国だからだいたいどこにいっても見晴らしがいい。草原の国というのはまさしく草原だらけで、木など本当に一本も生えていない。草の丈は長くて四十センチぐらいだから、草原の生活は覚悟しなければならない。

しかもモンゴルの遊牧民はやたら目がいい。その筈で彼らの毎日の仕事は自分の家畜がどこにいるか、常に草原全体を地平線の彼方まで見回しており、どんなに遠くてもたいていわかる。そうでないと遊牧民などやっていられないのだ。

自然界の遮蔽物がいっさいないところでモヨオシたときは、男でも女でもそこでやるしかない。そしてまたネパールと同じように他人のそういうのを見ている人もいないのだ。

旅行者の女性などであまりにも大っぴらなところだと落ちつかない、というのであれば折り畳み式の傘をひとつ所持していればいい。人目のある方向におしりを向けてしゃがみ傘を開いて背や尻を隠せばそれですむ。かえって目立つけど。

どこかのフィールドで十人ぐらいの欧米の女性たちと長距離バスで一緒になったことがあった。ときおりトイレタイムがある。とはいえトイレなどないところだ。彼女らは背中を向けて肩を組んで輪をつくり、順番にその輪のなかに入ってしゃがんでやっていた。終始笑い声のなかだった。日本人の女性の旅行者などはこういう大らかさを学ぶといいように思う。恥ずかしいといって山のほうに登っていって蛇などに遭遇するのでは旅も苦しいものになる。

気をつけなければいけないのはアマゾンやアフリカなどでの排泄だ。ジャングルに入っていけば密集した枝葉がすぐにその人を隠してしまうが、同時にジャングルのあらゆる生物がいろんなところからその人を見ているという事実がある。小生物は用心のため。獰猛な生物は餌となりうるか、を判断するため。

人間を含めてあらゆる動物は糞便をしているときの姿勢がいちばん危険である。なにかに襲われたとき逃げるのにもっとも適していない姿勢だから。だから野生で弱い立場にいる草食動物は走りながら糞便ができる、ということをよく考えると人間よりもよほど進化しているのかもしれない。

ベトナムの正しい「カワヤ」

ベトナムの穀倉地帯を路線バスでいったときはやや困った。メコンデルタというのはまことに巨大でフラットで田園地帯がずっと続く。日本だと農村地帯で小用をモヨオシたときは田の陰道に入っていけばどこかでなんとかなる。やはり狭い国なんだなあ。

しかしベトナムの田園は広い。田の掘り起こしの動力には水牛をつかっているし、第一次産業が盛んなこういう国はいたるところに働いている人がいる。

日本では田の続くどこかに小さな森ふうの木立があって、そういうところでやりやすいけれど、しばしばなにかの神様仏様が奉《たてまつ》ってあったりする。鎮守の森みたいなものだ。そんなところに小便をひっかけると「チンポコ」が曲がってしまうとよく言われる。曲がると以降曲射砲になってしまうおそれがある。

ベトナムでは、ちょっとした木立があるとそこには直射日光を逃れたい蛇などがいっぱいいたりする。どうもうまくいかない。

ある取材旅でメコンデルタのあちこちを歩き回ったとき、フーをつくっている町工場に出あった。小さな川沿いにあって、なかに入ると十人ぐらいが働いていた。そのうちの八人は若い娘だった。

フーはベトナムのラーメンみたいなものだ。大きく違うのはフーの原料はコメである。日本ではビーフンと呼んでいるが、ベトナムはやたら種類が豊富である。太いの細いのコシがあるの、やわらかいの。

その元々の姿を見てある意味で納得したが、想像を超えていたのでびっくりもした。

簡単にいえばまずハルマキのカワをつくるのである。それも大きくて直径三十センチから五十センチぐらいある。コメを粉砕して水に溶いたものをカワと厚布でつくったやわらかく熱い、形状としては大太鼓より大きな鍋のようなもので焼き、それを半日ぐらい乾かし、折り曲げてシュレッダーそっくりの機械にかけて細長くする。これぞすなわちベトナムビーフンなのだった。

ベトナム人はみんな親切で、できたてのそれを食べるとうまい、といってつくってくれた。断然うまい。

しかし、この本で語るべきはうまい食い物ではなく、糞便話であった。とくに今回どこでやるか、ということに焦点をあてている。

そのベトナムハルマキやつくりたてフーまでを見ているあいだ小便をしたくてしょうがなかった。どこがトイレだろうとチラチラ探していたのだが、やがてはっきりわかった。川沿いに大きくあいた工場の外に小さな桟橋のようなものがあり、さっきから気になっていた。

そのうちにそこに小走りにわたっていく娘がいる。先端は川の水面から三メートルぐらいのところ。高さ四十センチぐらいの板囲いがあり、娘はそこにいくと見事に素早くアオザイをまくりあげそこに座った。見当をつけたとおり、そこがトイレなのだった。ヒトがしゃがむと女なら肩から上ぐらいしか見えなくなる。

すこし経ってから我慢しきれなくなってぼくもそこにいった。「かわや」というとおり川の上に先端が高さ五十センチぐらいのハコがあり、下は二十センチぐらいの間隔で板にスキマがあいており人間がしゃがむと自然にそこから落とせるようになっている。アジアの川べりでよく見るケースだ。構造上男の小便でもしゃがまないとあんばいが悪い。立ってやるとみてくれも悪い。そのようにしたら、川の水面にざわめきがあった。糞便が落ちるのを待っている川魚がザワザワ集まってきているのだった。

メコン川で考える「世界の水問題」

途上国の川のそばにある屋台でなにか食うときはナマ物は避けたほうがいい。まあ日本と違って野菜以外のナマ物料理は少なく、たいてい油で揚げたものか焼いたものが主役だ。問題はそれらが盛られている皿やドンブリで、これは日本の屋台と同じようにたいていふたつのバケツがあって、まずはウツワの残飯を捨てるとひとつのバケツでサッと洗う。でもほぼ間違いなく二時間は取り替えていない水（それも川からくんできたもの）だからドロドロ状態になっている。

続いてもうひとつのバケツの水でサッと洗うが、こっちも使用二時間クラスだから茶色い水だ。それを雑巾のような布で拭いて料理がのせられる。油で揚げてあったり焼いてある料理だから問題ないが、見た感じきれいな皿やドンブリは実質かなり汚れた水が表面についている。

日本みたいに清潔病の国からやってきたばかりの耐性のない人はこの皿やドンブリについた水の菌でやられることがある。やられるといってもひどい下痢ぐらいだ。しかし沸騰していない湯をつかわれたものを飲むと、アメーバ赤痢になる可能性がある。

ミャンマーの川べりの屋台でヤキトリふうのものを食った翌日、昨夜と同じ屋台のそばを通ったらイラワジ川の岸辺、屋台のすぐそばに犬だか人間のだかわからない糞がいくつもころがっていた。ゆうべ皿を洗った水は屋台の後ろのこのあたりからのものだな、とすぐに見当がついたが、ぼくも、それから一緒にその屋台で飲んで食った仲間もなんでもなかったから、たいした問題はないのだった。

一度、犬の死骸《しがい》が川べり近くに打ち寄せられていて、その近辺にやはり戸締りした屋台がならんでいたが、糞と違ってウジムシのたかっている動物の死骸に関係する水をつかわれるのは嫌だな、と思った。

中国の屋台は近頃こういうコトにめずらしく客がうるさくなってきて、最近の中国屋台でなにか食べると、柱にシャワーでつかうビニールキャップそっくりのものが何枚もぶらさげてあって、それをドンブリにかぶせるようになっている。

まあこれだと汚い水で洗ってあったとしても安全に食べられるだろうが、見た感じいかにもチープで汚い。どっちにしても流水をつかっている屋台でないかぎり客は少々のアキラメがいるのだ。

メコン川周辺のちゃんとした食堂でなにか食べるときも、そこで料理された食べ物は全部メコン川の水で処理されていると思って間違いない。ラオスとかカンボジアなんかはまだメコンの水そのものがきれいだが、だんだん下流になってくると川全体の水質が汚れて真っ黒になっている。それでもメコンデルタのレストランはその黒いドブ川のような水で料理している。一度ニワトリをさばいているのを見たが、これはいくら洗ってもぜったい素材そのものがなにかの細菌に汚染されているな、ということがよくわかった。

ところでメコン川周辺では子供たちがキラキラした目で水遊びをしているけれど、彼らにはアトピー性皮膚炎にかかっている子はまずいない。小児ぜんそくもないし花粉症というような、まあいってみればこれらみんなケミカル病的なものはまず関係ない。

アトピーや花粉症など、この流域には、そういう言葉もないくらいだ。

現地を旅しているときはその理由がよくわからなかったが、帰国して「世界の水問題」について取材をしていたとき、医学博士の藤田紘一郎《こういちろう》教授に取材してその理由の一端がわかった。

ぼくがメコン川で出会った人々の暮らしと同じような光景を藤田教授はカリマンタンの川べりで毎日眺めて研究し、同じようにそのあたりに住む人々には、さっき書いた日本人が誰でもかかる可能性のある「現代病」に苦しんでいる人にまるで出会わなかった、と話していた。

その理由の一端に「川とウンコ」との関係がある、と教授は言う。メコンもカリマンタンもそこにある川で体を洗い糞便し、同じその川の水を飲む生活を長いことしてきた。糞便は人間だけでなく動物も関与している。そういう水のなかにはいろんな寄生虫がいる。

アトピーやぜんそく、花粉症にかからないのは寄生虫が関係しているからだ、ということを教授は多くの自著で書いている。そうなっていく医学的な実証もしている。

それらの本を読み藤田教授自身にも取材しているのだが、わが微脳のため、医学的に詳しく聞いたその医学的生理的メカニズムの説明は、ちと難しくてできない。

ごくごく簡単にいうと回虫などの寄生虫が体内にいると、外側から入ってくるわけのわからない病原体を寄生虫が排除してしまう仕組みが関係しているようだ。教授がカリマンタンの子供たちを実際に調べたところ、子供たちはかなりの確率で回虫をもっているのがわかった。同じように暮らしているのだから大人たちもそうだろう。

そういう視点からいうと、日本の川は寄生虫のかわりに工場排水や農薬などによるわけのわからないケミカル物質が複合化されて流れてきている。見た感じメコン川よりもきれいに見える日本の川の水を中流あたりで飲む気にならないのは、日本人はそういうことを大人になるあいだに感覚的に体感しているからだろう。

日本の河川汚染で代表的な例はカドミウム汚染された水を飲み、稲を育てた人々が被害者となった富山県、神通川の「イタイイタイ病」であり、水銀をタレ流した新潟県、阿賀野川の「新潟水俣病」だろう。

船上生活は何かと便利だが……

アジアの多くの川はメコン川のような「クソ川」だけれど、せいぜいウンコや動物の死体による有機物汚染である。そして死もありうるヘンなケミカル病にはならない。

サナダムシを体に宿す方法

体内の寄生虫が深刻な現代病（アトピー性皮膚炎、小児ぜんそく、花粉症）などを遠ざけている、という貴重な臨床実験を医学博士の藤田紘一郎教授が行い、いくつかの著書にまとめている。

このことを実証するために藤田教授は自身を被験者として数々の実験を行っている。寄生虫のなかでももっとも多方面の経口病原菌から寄生母体を守る、と言われているのがサナダムシだ。冒険家であり、すぐれた自然科学者であったライアル・ワトソン氏も自著『モンスーン　ワトソン博士のワンダーランド』（内田美恵訳／筑摩書房）のなかで長く困難な探検行の前に、サナダムシの幼虫をとりよせ、体内に育てて、その寄生虫に身体を守らせながら中東やインドをめぐる旅に出た、と書いている。

サナダムシは一日に約二十センチほど成長し、六～七メートルに育つ。以前この取材をしているときに、人間の腸の長さの平均は六～七メートルであると聞いたから六メートル以上に育つと、おしりの穴からサナダムシの尻尾が出てしまいますね、というアホな質問をして教授に笑われたことがある。

サナダムシは人間の腸の内側にコイルのように丸くなってそれぞれの節にあるツメ（のようなもの）で腸壁に自身を固定し、上から入ってくる食物を体の皮膚全体で吸収する。そのため「大食い」であり、成長も断然早い、ということになる。そのなんでも食べてしまう「大食らい」が母体を助け、同時に不必要な肥満を防ぐ。

開高健氏の『オーパ！』の取材に常に同行し、数々の衝撃的かつ驚嘆するほど美しい写真を撮っていた写真家のA氏（親交深くぼくはもっぱらノボルちゃんと呼んでいた）がアマゾンで野生のよく焼けていない豚肉からサナダムシを宿し、東京女子医大で駆逐した。その顚末《てんまつ》をノボルちゃんとモンゴル奥地への長旅に出たとき退屈のあまり、体内の感覚的変化や駆除のありさまなど詳細に聞いた。

「やたらに腹が減っていくらでも食える」

と、ノボルちゃんはまず力をこめて言っていた。当人ははっきりいって堂々たる肥満体形だったし、大食漢だったので、まわりの人たちはそばにいてその変化に気がつかなかったが、当人は「へんだな」とよくわかっていたらしい。

巷間《こうかん》、沢山食べても痩身《そうしん》を維持していたい、というスーパーモデルなどにこのサナダムシ愛好家がいる、という噂《うわさ》をよく聞いたが単なる噂を超えるものなのだろうなと直観的に思った。

ぼくはいまのところサナダムシは必要としていないので、そういう話を聞くと逆にどのような注意をすればこの怪物級のムシの侵入を防げるか、というところを注意して聞いていた。

サナダムシを人体につつがなく侵入させるためには、まずそのムシを宿している人が北海道など北の川の上流にいって川のなかで排便する必要がある。一回で二十〜三十万個の卵が川の流れに乗る。これをカイミジンコが中間宿主として食べる。このミジンコを海から遡行してきたサケ・マス系の魚が食べる。もっとも効率のいいのはサクラマスらしい。

このサクラマスはできるだけ刺し身で食べたい。その刺し身も貴重品だからといってヒトキレをうすく切らないで、ドーンとヒトキレ四センチぐらいの刺し身にして、できるだけ咀嚼《そしやく》しない、つまり嚙まないようにして、理想的には丸飲みしてもらいたい。

ぼくはこの話をサナダムシの自身への侵入を避けるために聞いていたのだが、大丈夫。かつて北海道の川が危なかったが、いまはカムチャツカまでいかないとこのシステムが機能していないという。

サナダムシを駆除する方法

一度こだわって書いてしまうと、ちょっとした決着がつくまで書かないとどうも落ちつかない。なに、サナダムシの話だ。糞便についてずっと書いてくると、どうしても寄生虫がここに重要な要素として加わってくる。

『オーパ！』の写真家ノボルちゃんがいかにして体内のサナダムシを駆除したか、ということを書かないとおさまりがつかない。

体内にそういうものがいる、と診断されたときの自覚症状というと、どうもまたさらに食欲が増したな、という程度で、もともと彼は日常的に大量に食べるほうなので、まあせいぜいその程度だったらしい。けれど夜中にひとりで寝るときなど、自分の腸のあたりに自分とは別の考えで（考えているかどうかわからないが）自分とは別の行動をとっている生き物がいる、ということを思うと、やはり気になったそうだ。さびしがりやなら考えようだ。おれひとりだけじゃないんだな。お前というやつがそこにいるんだ。まだもう少し起きていようか、なあお前、などという連帯感が生まれる（かもしれない）。

実際に実験としてわざとサナダムシの幼生を飲み、腸のなかで育てていた医学博士の藤田紘一郎教授は、自分の腸のなかの「その存在」がいとおしく、自分が死ねば彼女（かどうかわからないのだが、卵を産むからなあ）も死んでしまう。宿主の自分は力強く生きねば！と思ったそうである。

でもノボルちゃんはやっぱり「ひとり身」がいいと思ったらしく、都内の病院に入院して駆除してもらった。この話を聞いたのはモンゴルの旅の途中である。夜は長いから話もできるだけ長く、くわしく聞きたかった。

まず完全絶食するらしい。そうしてお腹をスッカラカンにしておいて、大量の下剤を飲む。これは胃カメラを飲む前のちょっと甘ったるい液体下剤だったらしい。空腹のきわみにいたサナダちゃんに久しぶりに甘い味のものが滝のように流れこんできた。しかしこの下剤にはサナダちゃんの全身をマヒさせる性質のものが入っている。それを吞《の》みこみサナダちゃんは「あっ」と言った（かどうかわからない）が、とにかく全身の力が緩み、各節ごとにあるツメのようなもので腸壁をガキッとつかまえていたものがいっぺんに緩む。あとは激しい下剤の流れに乗って出口（肛門ですな）方向にまっしぐら。サナダムシは途中でちぎれてしまうとタコの足みたいにまたそこから再生するから、ここでいっぺんに長い長い全身を出してしまわなければならない。出口付近には看護師さんが三人いてサナダムシが出てくるのを待っていた（三人もなんだようと彼はそのときちょっとうなった）。

シッポのほうから出てきたそうである。ノボルちゃんには見えないのでよくわからないが例えていえば「泡たて器」のようなもののなかにからめ、出てくる速度にあわせてくるくる回しながら引っ張り出していったそうだ。あまり強く引っ張って途中で切れたらたいへんだから、看護師さんはノボルちゃんの呼吸にあわせて巻いていく。「ハイ、そこでイキばってくださーい」「がんばってえ！」などと声かけをしてくれるのだ。初めての駆除だから看護師さんもたいへんだ。

「もうちょっとですよう」産みの苦しみを男として味わうとは思わなかったらしい。すっかり出てホッとしているともう一匹出てきたという。双子ではなく「つがい」でしょうな。

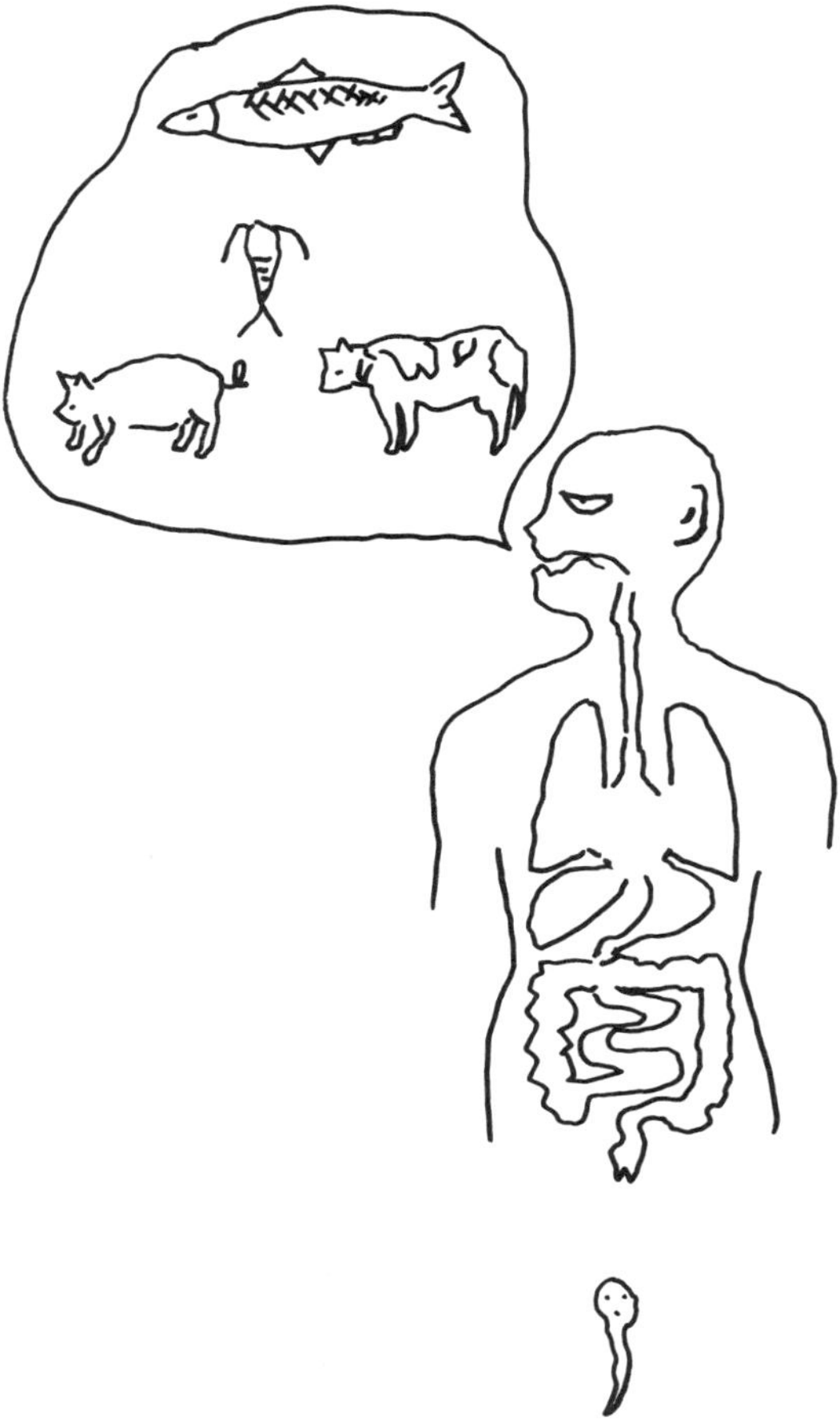

アザラシの腸の「いい寄生虫」

ある年、アラスカ、カナダ、ロシアの三ケ国の北極圏にいった。季節は少しずつ違ったが、どこも相変わらず彼らの好物は主食のアザラシだった。

マイナス四十度ぐらいの海域でアザラシをとると漁師（イヌイット）は氷の上ですぐに解体する。その理由はあとでわかった。氷上のマイナス四十度。でも海獣というように哺乳類のアザラシには体温がある。すぐに解体したほうが手が冷たくないのだ。

彼らは小さなナイフで手早く解体していく。皮を剝ぐとすぐ皮下脂肪だ。そのあいだに寄生虫がいる。小さなイモムシ型をしたやつだ。初めて外気に触れるので寄生虫はびっくりして、まだ剝ぎ取られていない、はじっこのほうに向かってモコモコ這い進んでいく。

ぼくがびっくりしたのはその漁師らは先を争うようにして逃げようとしている寄生虫を

つまんでは素早く口へつまんでは口へ、と食べてしまったことだった。

あとで考えたが、寄生虫というと我々にはかなり抵抗的な先入観があるが、別に便所のなかのウジムシではないから「汚く」はないのだ。なぜ、彼らがそういうものを好んで食べるのか。これは彼らにとっての補助栄養ではないかとぼくは思った。森林限界をはるかにすぎ、簡単にモノを燃やせる薪というものがない。だから彼らはこれまでずっとあらゆる北極圏の生物を生のまま食ってきた。それでエスキモー（生肉を食う人々）と長いこと呼ばれてきたのだ。

そういうふうに食べるものの範囲が限定されている彼らには寄生虫も重要な蛋白《たんぱく》源だ。彼らはアザラシの腸の中身も食べる。腸の中身といったら通常は糞だが、胆嚢《たんのう》をすぎるまでは糞以前。胃から流れてきた流動的な、やはり栄養のある食物だ。

けれど注意しなければいけないことがある。アザラシの腸にはしばしば線虫、アニサキスなどの寄生虫がいる。こういうムシに慣れてしまっているイヌイットにはたいしたことはないが、しばしばこのアザラシの糞のなかにまじった寄生虫の卵がケンミジンコなどに食われ、それが北海の小さな魚に食われる。この小さな魚を大きな魚が食う。大きな魚のなかには日本人が大好きなマグロがいる。北海のマグロは捕獲されるとただちに解体される。血を抜くためだ。それからハラワタが抜かれる。ハラワタのなかに少し大きくなっている寄生虫の幼虫がいる。これが解体中に冷たいハラワタのなかからあたたかいマグロの肉のなかにもぐりこむ。

マグロの肉は冷凍されるが、氷は虫を冷やすだけで殺すことはない。そういう肉を偶然食べてしまう人間もいる。けれどそれらの虫は魚からアザラシやイルカへまた戻っていく習性があり、人間に食べられても成長はしない。この寄生虫はアザラシやイルカの腸のあたたかさを求めて人間の小腸のへりや胃壁へともぐりこむ程度だ。きわだった症状は虫垂炎に似た痛みをときおり感じるぐらいだという。

それかあらぬかこの寄生虫の幼虫は人間の体に外敵からの防御作用をひきおこしてくれる場合もあるという。前に書いたように人間の体内に入ったサナダムシが寄生した宿主を守ってくれるような働きをしてくれるのだ。このマグロから入ってきた寄生虫は人間のなかで成虫になることなく、やがて肉芽腫《にくがしゅ》に包まれて分解され体の外に出ていってしまう、というからなかなか「いい寄生虫」でもあるのだ。

上：海氷の上からアザラシをまず仕留める
下：素手で解体。まだアザラシの体内はあたたかい

アマゾンの肉食いナマズの「小便登り」

淡水に住む生物には常に注意する必要がある。魚だけでも海水に生息するものと比べて圧倒的になんらかの寄生虫に侵食されているケースが多いからだ。

世界最大の川、ナイル川のメジナ虫は別名「燃える蛇」といわれている。この寄生虫は中間宿主や寄生された成魚などとは関係なしに排出されたおびただしい幼虫をケンミジンコが食べ、そのケンミジンコが混入しているのを知らずに川の水を飲んでしまう、というたって簡単な経路で感染する。

寄生虫としてはとてつもなく大きく、雌は三十二インチにもなる。一メートル近いわけだ。それは沢山の幼虫を排出するために必要なビッグサイズというわけで、雄は一・五インチほど。卵が成長して幼虫になると雌の子宮は破裂し、だいたい五十万匹も排出する。

排出するときは寄生された人の足や腕の皮膚が痛痒《いたがゆ》くなり、皮膚は水泡状になる。冷たい水にさらすとその痛みと違和感はいくらかおさまるが、長続きはしない。痛痒くなった水泡はやがて破裂し、そこから五十万匹もの小さな小さな幼虫が白い水中霧のようになって拡散していく。そしてケンミジンコがそれを食う。

この寄生虫のいやらしいところは、潰瘍状になったところからしばしば寄生虫がその本体を露出させてくることだ。それは白いスパゲティのようで、慣れない空気に触れてくねくねしているらしい。

初めてそういう体験をした人はただもう恐ろしさと気味の悪さで我を失うが、ナイルの岸辺にはたいていこれを経験した老人らがいて、すぐに対応処置をしてくれる。といってもその一メートルになんなんとする寄生虫をいっぺんに引き抜いて駆除することは無理で、近くに落ちていた木の切れ端などにそのスパゲティ状の寄生虫の出てきたところを巻きつけ、人体のもとの穴に戻らないようにする。

そうして経験者の老人は言う。

「それを毎日少しずつ巻き取るようにしなさい。あまり強くひっぱって切れてしまうと、残ったものがあなたの体のなかで暴れてひどい病気になり、死んでしまうこともある」

被害者は言われたように毎日少しずつひっぱり出して木の切れ端などに巻きつけていくが全部取りきるまで半年もかかることがあるそうだ。これらに関する話は『寄生虫のはなし　わたしたちの近くにいる驚異の生き物たち』（ユージーン・H・カプラン著、篠儀直子訳／青土社）に書かれていたものだが、写真そのものを載せるのはあまりにもグロテスクと判断したのか精密な絵によってその様子が描かれている。

アマゾン川で恐れられているのはカンジェロ（現地の人はカンジルと発音していた）でこれは肉食いナマズだ。といってもサイズは小さく二〜三センチ。ピンクがかった実にいやらしい色をして動きは素早い。

こいつは人間の「オシッコ」に敏感に反応し、川のなかでオシッコなどすると、とんでもない速さで川のなかのそのオシッコの水流に入りこみ、鯉《こい》の滝登りではないが「小便登り」をしてひどいときは膀胱《ぼうこう》にまで入ってきてしまう。

男の子のチンポコの先端あたりにまだシッポがヒラヒラ残っているときはそれをつかんで引っこ抜こうとするが、尿道に入った頭の下の鰓《えら》が釣り針の「かえし」のように開き、そのあいだにもどんどん内側から少年のチンポコの肉に食らいついているので、すぐに切開手術などしないと助からない。

　これは膀胱まで侵入された女性にも言えることで、構造的に女性の被害のほうが多いらしい。アマゾンというとピラニアが恐ろしいものとしてすぐにあげられるが、実はこっちのほうがはるかに怖いのである。

第二章　奇食珍食

人間はどんなものまで食えるのか

むかし、男の理想的な暮らしは、アメリカの家に住み、日本人の妻をもち、中国料理を食べることだ——とされた時代があった。

アメリカの家は大きくて隣家とも距離があり、広い芝生の庭にはプールなんかがある。そういうところで世界最高と言われる中国料理を毎日食い、それらをかいがいしく運んでくるのは気だてがやさしく親切な日本人の妻。

それぞれ世界で「いちばん」と言われていた時代のコトで、まあはるかむかしのコトでありましたな。

アメリカの住居は本当にカネをかけている建物だったらいいが、しばしば見栄の産物ででかいがなかなかは趣味悪くスカスカなんてことが多いらしい。なにしろ土地が安いからね。

中国料理が世界最高の料理と持ち上げたのは誰だ。

中国にはたしかにいろんな食材、料理法はあるが、よくみると中国料理はほとんど炒める、蒸す、煮る、という火と油をつかった料理で、絶対飽きる。日本食のようにナマ物はまずないし、ほうっておくとそこらにいる蛇だの猫なども料理にしちゃう。現に中国の一流レストランのメニューに虎と龍という文字があったら注意すべき、という話がある。万里の長城、白髪三千丈の国である。すべて大袈裟《おおげさ》に表現される。「虎龍大菜」などという表示があったら要注意だ。

だから中国料理だけの人生というのはそんなにシアワセではないんじゃないかなあ、とぼくなどは思うのである。

やさしい日本人の妻――というのもどうなのだろう。まあ思うに昭和のはじめぐらいの雑誌の挿絵などに描かれている日本の女性はいかにもひかえめで心やさしげに見えるが、そのころの女性はいまどこにいるのか。

おおくは語らないが、幻想――という言葉がこれほどふさわしいコトはないのではないか。日本の男の衣食住へのむかしの夢はマンガのごとく単純で淡いものであった。

さて、第二章からは、ひとことでいうと「人間はどんなものを食ってきたか。どんなものまで食えるのか」ということをできるだけ当方の実体験をもとに紹介していく。

これは網羅的にいつかやりたかった。世界のとんでもない辺境の地を旅してきたので枚挙にいとまがないのである。

次から具体的な「体験記」に入っていくが、これは第一章「世界糞便録」の系譜というか、連携という気配が強い。口から肛門まで一本の管でつながっているように、どうしても話の骨格がつながっているような気がする。

ただし話は逆の順番だ。通常は人間も動物もなにか食ったらそれを出す、という仕組みになっている。その逆はあまり考えたくない。

「反対側からの続編」というふうに考えていただきたい。

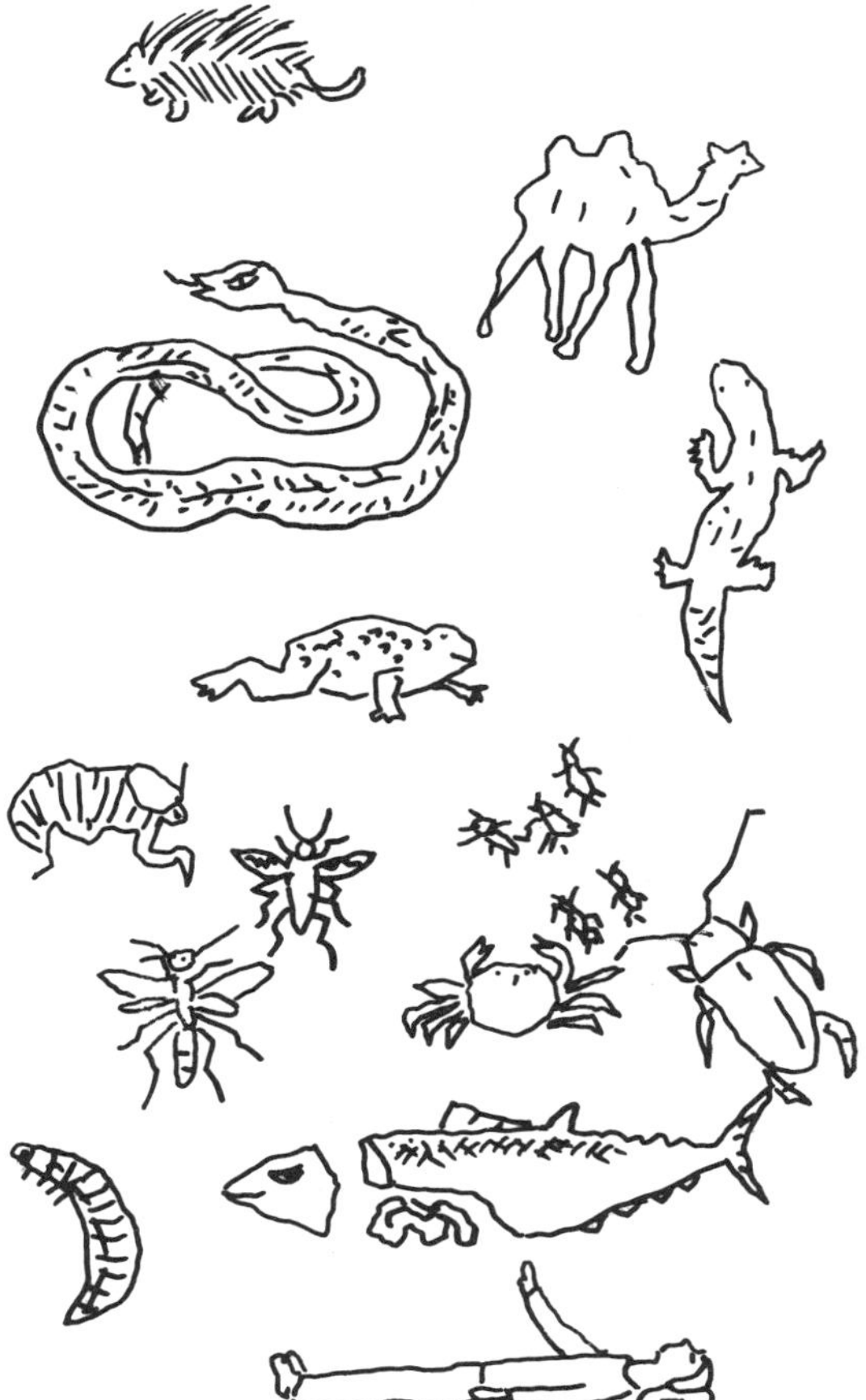

コブラサンドができるまで

アジアの途上国といわれるところを旅していると、ひとつの集落の中心が市場であることが多いのに気がつく。その市場も集落の規模から比べるとスケールが大きく、扱っている品数も圧倒的である。

その国や地方の生活実態を知るにはまず市場にいけばいい、とよくいわれる所以《ゆえん》だろう。とくに食物売り場にその国の素顔が見える。そういう国々を旅していて早いうちから気がついていたのは「蛇食」である。日本のスーパーに生きた蛇が売られていたりしたら大騒動になりそうだが、アジアでは蛇は重要な食肉のひとつで、牛、豚、鶏、羊、山羊《やぎ》、亀などと並列の位置に「蛇売り場」がある。

ベトナムのメコンデルタにある市場などは蛇も有毒と無毒にわけられていて、生きたそれが一メートル四方ぐらいの金網籠にいれられてそれぞれ四〜六種類ぐらいが売られている。無毒蛇は大きいものが多く、たいていみんなで複雑にからみあってじっとしているが、有毒蛇は精が強いからなのか、みんな怒ったような顔（やさしい顔は知らないが）をしてずんずん動き回っていることが多い。

コブラとか一歩蛇（咬《か》まれると一歩で死んでしまうという）などといわれる猛毒蛇は値段は高いが精力もつくというので人気だが、扱いに注意しないとヤラレテしまうから買った人はたいてい売り場の蛇のプロに下ごしらえをしてもらう。

日本の魚屋で大きな鯛《たい》などを買うとシロウトではどうすることもできず、魚屋さんにさばいてもらうのと同じである。

ある市場で、運よくコブラを買いにきた親父といきあった。すぐにさばいてもらう、というのでカメラをかかえてその一部始終を見せてもらったが、蛇籠からひっぱりだすときに蛇屋は小さな入り口から顔を出したコブラが威嚇のために大きくひろげた頸部をがっしりつかまえてしまう。そうすれば咬みつくことはできないからコブラはシュウシュウ息を吐いて怒りながら蛇屋の親父の腕にきつくからみつく。そうなるとコブラの体が固定されるので蛇屋からしたら「思うツボ」で、まずは心臓をナイフでえぐり取る。それでもコブラというのはまったくたいしたもので、心臓をくじり取られても、親父の腕をしめあげる力はまったく変わらないのだった。「お前はもう死んでいるんだ」と言って聞かせたいくらいだが、心臓を取られたくらいではどうという痛手もないのかまったく生きているときとかわらない。さすが蛇の王様コブラは恐ろしいものだ、と感心した。

蛇屋は次にコブラの頭を切り落とす。それはコブラをさばく調理台の端のほうに置かれる。そうでないとうっかりなにかのひょうしに切り落としたコブラの生首の近くに手など近づけると、首もまだ生きているから、それにガブリとやられることがある。生きているときにやられたのとさしてかわらない被害を受けるのだという。

新鮮なコブラは切り取られた首のところから皮を手で引き剝く。三ケ所ぐらいにわけて引き裂いていたが、面白いように簡単に蛇の裸身があらわれる。白くてきれいな色だ。それでもコブラはまだ蛇屋の親父の腕にからみついたままぐねぐね動いている。往生際がとりわけ悪いのだ。ぼくがそのサバキの過程でもっとも気持ちが悪かったのは十五センチぐらいに切られたコブラの〝部分〟が洗面器のなかでまだぐねぐね動いていることだった。

十五センチぐらいになったコブラは骨を取られ、鍋のなかの熱い油でから揚げにされる。蛇屋の隣にはたいていフランスパン屋があって油鍋を用意しているのもパン屋さんだ。

*

ベトナムなどはフランス統治が長かったのでフランスパンづくりはとりわけうまい。コブラのから揚げはそのフランスパンを真ん中から切って挟まれる。我々が子供のころ、コッペパンにコロッケを挟んで食ってうまかったコロッケパンを思いだした。揚げたコブラにはサラダになるような葉っぱも挟まれる。ハーブというわけだろう。そこにベトナムソースやコショウやトウガラシ系のものを添えて「コブラサンド」のできあがり。揚げたてコブラの肉はシャキシャキしてなかなかうまい。一コ三十円ぐらいでけっこう高級品だったがそれだけのことがあってか、ひとつ食べると昼食には十分だった。

コブラサンドはコブラを買った親父から買ったのだが、つまりは「又売り」ということになる。コブラ一本はとても高くしかもひとりでは食べきれないからこれはいいシステムだ。

コブラを買った親父には特典があって、いちばんはじめにのけておいたコブラの心臓を丸飲みすることができる。ベトナム焼酎のなかに入れて飲むのだが、コブラの心臓というのはあんがい小さく、しかもマンガみたいにハート型をしていてピンク色なのだ。これがまだ生きてピクピクしており、焼酎のなかでクリオネみたいにヒラヒラやっている。コブラを買った親父はこれをイッキ飲みする権利がある。日本の赤まむしドリンクの一万倍ぐらいのキキメがあるんじゃないかと思いましたね。

このあたりには毒蛇界の王者「キングコブラ」がけっこういるそうだ。これは長さ五メートルにもなるからこまかく切ってコブラサンドにするわけにもいかない。

どの店でもやっているのは大きな広口瓶のなかにまるごと入れたコブラのベトナム焼酎漬けである。この場合、コブラの尻尾の先端をコブラがくわえている、というスタイルがある種のしきたり、もしかすると彼らの「様式美」のようになっているらしくみんなそうしている。蛇のサケ漬けは日本でもマムシなどでよくやっているが、ぼくはあのまるごと漬けには少々の疑問がある。

精の強い蛇をサケ漬けにすると、それを飲んだ人の精が強くなると信じられているようだが、それでは鷹《たか》のまるごと漬けのサケを飲んだら地平線の果てまで見えるくらいに目がよく見えるようになるのか。ピューマのまるごと漬けのサケを飲んだらとてつもないスピードで走れるようになるのだろうか。

まあ「いちゃもん」みたいなものだが、理屈としてはそういうコトを期待しているんじゃないのだろうか。

ベトナムのチャウドックというところはとりわけ湿気の強いところで、ここでは七十センチぐらいの大ムカデがとれ、それも焼酎漬けになっていた。それがいったい何に効くのかコトバが通じずまるでわからなかったが、あの手のもののサケ漬けはその本体が見えなかったとしてもちょっと飲む気にはなれない。そういう意味では「蛇漬けサケ」もぼくはすんなり飲む気にはならなかった。

しかし食料として蛇を出されることがある。辺境地になると、それ以外食べるものがなかったりするから覚悟しなければならない。

タイで見た「大蛇版」刺し身の舟盛り

無毒蛇の料理は、野菜その他の炒め物と一緒につかわれることが多い。やはりベトナムのある料理店にそういうメニューがあったので、調理場での料理を見せてもらうことができた。コブラみたいに絶対咬まれないように気をつかうことがないから、魚を刺し身にするのを見るように、まな板の上で手ぎわよくさばくのかと思ったら、布袋を出してきて六十センチぐらいのわりあい太めの蛇をそのなかにいれ、熱湯ナベに袋ごと放りこんだのである。まったく予想外のやりかただった。

そのときキモチ悪かったのは、当然ながら袋にとじこめられた蛇は熱湯のなかで暴れる。袋のあっちこっちが激しくもがいて動き、苦しがっているのがよくわかる。これは一種の残酷料理でフェアではないような気がした。もっとも蛇料理におけるフェアな段取りとはどんなものかよくわからないのだが。

袋が動かなくなり、そのまましばらく熱湯で煮てから改めて袋から出した蛇は生きているときとは色が変わり、それもかえってキモチ悪かった。

まもなく蛇肉入り野菜いろいろ炒めのようなものが出てきたが、その蛇は小骨が多く、味もコブラとはほど遠く、けっしてうまいとは言えなかった。

食べてうまくないと折角の蛇料理の意味を失うような気がするのだが、東南アジアの人々は純粋に蛇料理が好きなようで、いちばん驚いたのはタイの大きな食堂で中国風の料理を食べたときだった。

仕切りのない隣の席はさいぜんから賑やかで、正装した三十人ぐらいの人々が大騒ぎでいろんな料理を食べている。どうやら結婚式の披露宴のようなものらしいとわかってきた。

トイレにいくときにそのグループの大きな横長テーブルの上のものを見て「や?」と思った。ちょっと形容しがたい不思議な皿がテーブルの上に横たわっていたのだ。

トイレから戻ってくるときに確信犯的にゆっくりそれの正体を見届けたのだが、テーブルの上の長い大きな皿と思ったのは三メートル以上はある大蛇を開いたものらしく、その上にいろんな色をした料理が盛られている。

簡単にわかりやすくいうと、これは日本の料理屋などで出される刺し身の舟盛りの「大蛇版」だったのである。

まっすぐ切られ開かれた大蛇の皮がそのまま皿になり、そのなかに蛇肉をつかったおめでたい料理がのせられているらしい。

蛇料理は白い菊の花をあしらうことが多いのを知っていたが、その大蛇盛りの料理の上にはまさしく沢山の白い花が散りばめられていたからあれは蛇に間違いない。

あとで通訳に聞いたら結婚式などで食べる蛇はめでたいものらしい。しかし、とはいっても大蛇の「活《いき》づくり」を彷彿《ほうふつ》とするその様子は、見ているだけでタジタジとなるものだった。

日本でも奄美《あまみ》大島などにはハブの専門店がある。しかしさすがにハブの原型をそのままつかう料理はなく、ハンバーグとか炒め物などにして出している。

日本人の「蛇食い」はどうしても「精力」をつける、ということを売り物にしていることが多いので、ここでもハブの生血の奄美焼酎割り、などが人気らしい。ちなみに奄美の酒は焼酎といいながら、いつ飲んでも泡盛に近い。製法を聞くと泡盛ではなくやはり焼酎なのだから不思議なことである。

沖縄でもハブの泡盛漬けがあるが、あまり目立った売り物ではないようだ。それよりもエラブーなどの海蛇料理が主力だが、それはまた改めて。

バカヤロ的にまずかった「旬の味」

本章の冒頭に中国のレストランに入って、そのメニューに龍とか虎などの文字があったら注意せよ、と書いた。龍は蛇で虎は猫であるからだ。

けれどもそれもちゃんと読める文字で書いてあったらのことで、地方の田舎食堂などにいくと、黒板に読めない崩し字（簡体字）で書いてあったりする。漢字の崩し字ってほとんどクイズだ。

まだ中国と日本が国交回復してまもないころ、かねてからシルクロードに憧《あこが》れていたぼくは、旅行者の入国が許されてすぐに中国に入った。まだ国中の人々が男女とも人民服を着ているようなころだ。

通訳とともに黄河の中流近くの田舎町を歩いていた。食堂というものが極端に少なく、あってもたいてい行列ができている。うまいから並ぶのではなく食えるところがあるから並ぶ——のである。

その食堂は一品料理の店だった。毎日メニューが変わる。聞けば「饅頭《まんじゆう》の日」「野菜と飯の日」「粥の日」などという具合だ。

その日は嬉しいことに「麺の日」であった。そのころぼくはラーメンといったら中国が本場で、そこにいけばどれもみんなうまい、と信じていた。いまはそれは単純な幻想で、中国の麺にうまいものなんかない、ということを嫌というほど体験的に知っている。だからいまは日本からあの日本的ラーメン屋が進出し、中国人が行列をつくってうまいうまいと食っているのだ。

ところでそのはるか初期のころの話だ。通訳は店に入ってメニューの黒板を見て言った。

「先生（当時の中国人は外国人の客に対してかならずそう呼んだ）よかったですね。今日は旬のエビラーメンですよ」

おお。旬のエビラーメンかあ。それはうまそうだ。

当時の中国の地方の食堂は軍隊式に並んで自分でドンブリなり箸《はし》なりをとり、麺やスープを注いでもらう。最後に旬のエビのどうやら煮たやつをのせる。黄河からとれる川エビというわけだろうか。

ところがそのエビラーメンがバカヤロ的にまずい。麺はパサパサだし、つゆはぬるくてなんだかひじょうに粉っぽい。売り物のはずの旬のエビもぐにゃぐにゃして期待したシャキシャキ感がまるでない。

「まあ田舎の店なんだからしょうがないんだろう」

そこは中国旅の初心者として鷹揚《おうよう》に妥協する。うまいのもまずいのも中国なのだ。

しかし通訳に聞いた。

「さきほど旬のエビラーメンと言ってましたが、これはなんという種類のエビなんですか?」

通訳はもう一度店のなかの黒板をよく見て急に笑いながら言った。

「あっ。先生、間違えました。旬のエビラーメンではなくて旬のヘビラーメンでした。日本語とてもムツカシイよ」

「おっとととと」

知らぬとはいえ、思えばこれが、ぼくが初めて食べた蛇なのであった。食ってしまったあとだからもうさしたる意見もない。

そうか。旬の蛇か。

そこのところが気になって通訳に厨房に行ってもらいその蛇を見せてもらいたい、と頼んだ。

当時の田舎では日本人がまだ珍しく、みんな好意的である。さっそくバケツのなかのそいつを見せてくれた。赤茶の四十〜五十センチくらいの細い蛇で、面白かったのは長葱《ながねぎ》のようにそれらが二十本ぐらいずつ束ねられ、ひらべったい紐で数ケ所が結ばれていたことである。それだけ見るといかにも「旬」の気配がした。

「毒蛇村」の主食はワニとアルマジロ

南米の南東部を流れる大河パラナ川の支流にグアラニー族の居留地が点在している。文明から忘れさられてしまったような超少数民族で、小さな川のそばの荒れ地に適当な掘っ建て小屋をたてて生活している。

そのひとつ「フェガチニ村」というところに行ったときの話だ。軍隊が特別に出してくれた機関銃つきの小型ボートでいく。軍隊の護衛がついたのはそのあたりがコカインの流通ルートであり、ふいにやってきた外国人が思わぬ犯罪のとばっちりにあわないため、というありがたい対応なのだった。それというのも軍本部の司令官が日系三世で祖父の郷里は福島といった。その司令官に面会してから上流の村に行ったのである。その途中で「フェガチニ」とはどういう意味か聞いたら、グアラニー語で「毒蛇」というのだ、と教えてもらった。あれまあ、という感じだった。

迎えにきてくれた人々はいろんな服を着ていた。ほんの少し前まで裸族であったらしい。政府が古着を大量にもってきて人々はそれを着るようになった。しかし衣服文化のなかった人々がサイズがあう、ということだけで着ている服は極端にいうとハダカの上に夜会服みたいなものを羽織っていたり、裸足でロングドレス、なんていう冗談みたいな恰好をしている現地の人がいっぱいいた。政府は古着だけで靴を持ってくるのを忘れたらしい。

ここにはハララカと呼ぶガラガラ蛇系の猛毒蛇が本当にいっぱいいるらしい。それなのに裸足なのだが、それまでも裸足だったから慣れていてどうってことないのだろう。

小さな水路に囲まれていて、そこには大小さまざまなワニがいた。猛獣のようなものはおらず陸上で目立つのはアルマジロだ。ここに暮らす人々の主食はこのワニとアルマジロだった。蛇は捕獲が危険すぎて食料にはしないようだった。

そこに住む人が細い水路に入って一メートルちょっと、というぐらいの小ワニを捕獲してきた。大きな川には三〜四メートル級のワニがいっぱいいたけれどどうやら大きすぎるとうまくないらしい。

小ワニは主婦たちによってすぐさばかれる。どんなふうに処理されるのかずっと見ていたが、なんと大きなブッシュナイフでいきなり背中をまっすぐ切り裂いていく。ワニの背の皮といったら将来ハンドバッグやベルトになる「硬い」イメージがあったが小ワニのときはナイフで簡単にまっぷたつにできるのだ。

小ワニの肉は真っ白で、それらの肉塊を適当な大きさに切りだし、パルミットというヤシの若木の芯と一緒に煮る。岩塩らしきものをときおりふりかけていた。

この小ワニの肉を集落の三十人ぐらいが整然としてわける。子供や女性が先、というちゃんとしたルールがあるようで、男たちには足りなかった。

すると男たちはワニの頭や骨を焚《た》き火で焼きはじめた。兜焼《かぶとや》きである。その成り行きも見ていたが、ワニの頭にはそもそもあまり肉はついておらず、徒労にすぎないようであった。空腹の男たちは夜になると粗末なカヌーで大きな川に出て、槍《やり》でワニを捕獲しにいく。

夜になると川面に浮かんできたワニの目が赤く光る。話には聞いていたが本当で、線香クラスの赤だが、ふたつ並んだ赤と赤の真ん中を狙うと急所に命中ということになるがなかなかそれも難しいようだった。

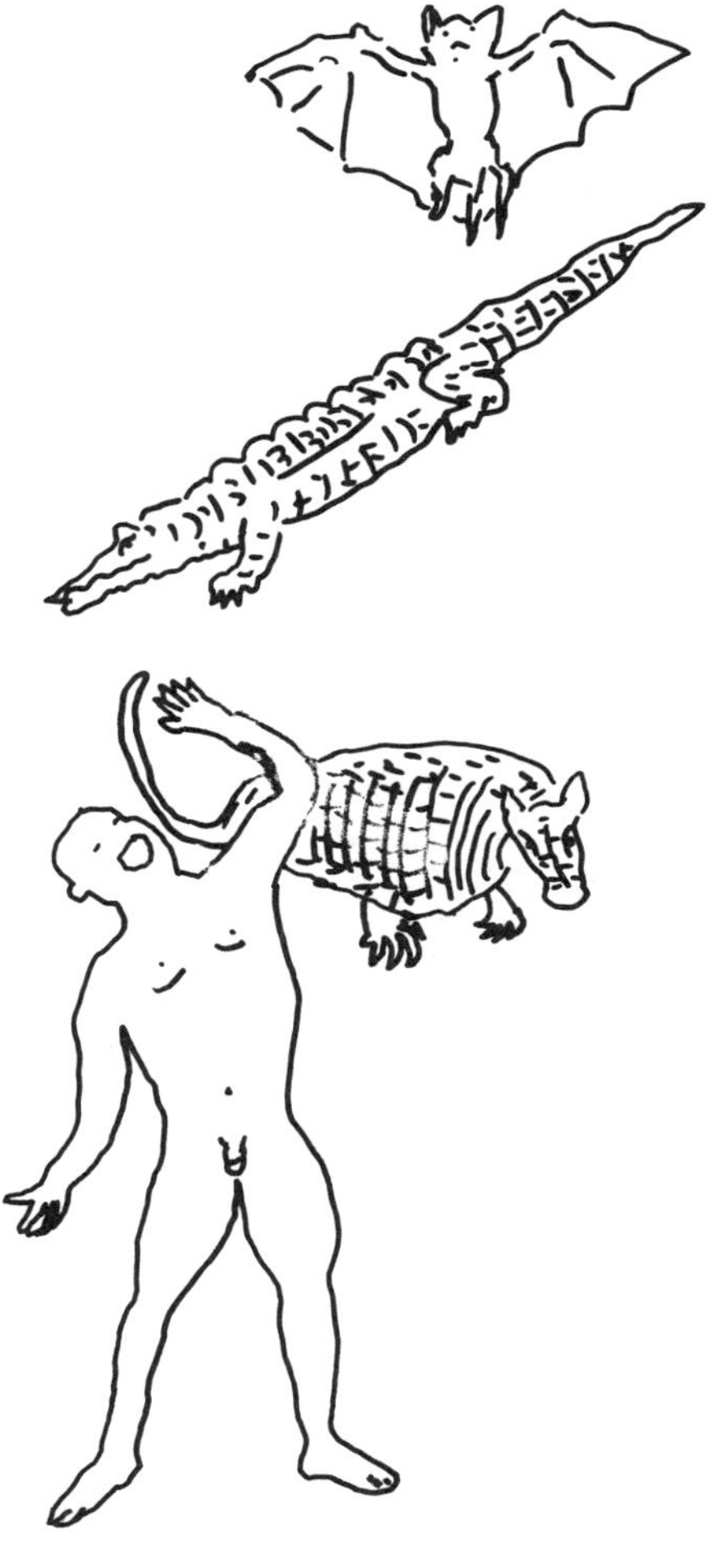

長野で出あった馬のアレ

馬の生キンタマを食った記憶はたしかにあるのだが、どこで食ったのかなかなか思い出せない。

馬の王国「モンゴル」にはあしかけ十年は行っているから漠然とそこのどこかだろう、と思っていたのだが、よく考えるとモンゴルで馬の生キンタマを食うことはありえない。だいたいモンゴル人はあらゆる肉のなかでも馬肉は食わない。ましてや他の肉も含めて生肉は食わない。

モンゴルで見たのは馬の去勢だった。

モンゴル馬はどんどん去勢していき、数頭の種馬を残す程度。去勢はもっともわかりやすくタマを切りとる。馬の負担が大きいので数日おいて片方ずつだ。遊牧民は自分のところの何十頭もいる雄馬のあれはもう完全にない、とかあれはまだ一コ残っている、などということをすっかり知っている。

去勢するときは馬を倒して前と後ろの脚を革紐で頑丈に縛り、麻酔もなしに切りとってしまう。馬は全身で苦しがる。それは見ていられないくらいのものだ。

しかし切りとられてしまうと、わりにどうということなく仲間のところに戻っていく。全部とられたやつはなんとなくナヨナヨ戻っていく（これはウソ）。

切りとられたキンタマはマンゴーの形をしている。あれを通常ゴールデンボールというが正確には白に近いシルバーボールである。

この光景が濃厚だったからか、モンゴルで食った、という印象が強いのだが、よくよく考えてみると、日本でのことだった。

場所は長野。昆虫食で有名なこの地では季節になると「すがれ」という地蜂探しをする。男たちは全員むかしのワルガキに戻り、野山をかけ回って大きな地蜂の巣を見つけだす。この蜂の子がうまい。フライパンで炒めるとタマゴヤキの匂いがする。大きさは違えど同じタマゴのたんぱく質なんだなあ、ということがよくわかる。蜂の子のまぜごはんもおいしい。後にモーレツなカンボジアの昆虫食を語るときに長野の昆虫食を考察したいが、いまは馬のキンタマである。

これを「すがれ追い」の夜にいきなり出されて面くらった。長野と南九州は世界でもめずらしい馬の生肉「馬刺し」を食うところである。この現実はイギリス人などに知られてはならぬ。クジラどころの騒ぎではなくなる。多くの欧米人にとって馬は犬と同じように食とは関係ない動物である（フランス人だけは別。彼らは馬肉をつかったタルタルステーキを好んで食ってきた歴史がある）。

さて、長野の「すがれ追い」の仲間が出してきた馬のキンタマの刺し身である。きれいな色をしている。

包丁で自分で切って食べるといい、といわれたが、その包丁の切れ目がなかなか入らない。全体は大きさのわりには重く、存在感に満ちている。やれるならやってみろ、という感じだ。

押さえるためには素手ではあぶない。タオルのようなものでしっかり押さえ、包丁でしずしずと端のほうを切っていく。

どういう成分によって構成されているのかわからないが、とにかく濃厚で、脂に満ちていて、うっかりすると包丁が滑って手を切りそうだ。

「すまない！」

という気持ちが横溢《おういつ》する。男なら誰でもそうなるだろう。

なんとか切りとった一片に醤油をつけてかじる。思ったとおり味も濃厚である。濃すぎる脂肪のカタマリをかじっている、という感覚で、うまいともまずいともいえないシロモノだった。これは一片にかぎる。

ヤシガニの臓物はのけぞるほどうまい

ヤシガニは日本の南の島にけっこう沢山いる。大きいのは一・五キロぐらいになり、ちょっとした怪物だ。

ヤシガニの祖先はヤドカリ。ヤシの木にのぼっていってヤシをその大きなハサミで切り落として食べる、というが本当かどうかはわからない。ヤシの実というのはけっこう大きく、幹からつながっている部分も相当硬いから、いくら大きいヤシガニといってもあのくらいのハサミでは無理なように思えるからだ。

アダンやタコノキの実もよく食べるというが、地表に落ちたのを巣穴までひきずっていって食べているのではないかという説もある。英語では「ドロボウガニ」というからあんがいそんなところかもしれない。

日本のいちばん西の外れの与那国島にヤシガニとりの名人がいると聞いて雑誌の取材でいったことがある。

島にしてはかなり大きな飲食店をやっていて、南の島ではめずらしく日本蕎麦《そば》が売り物だった。やや謎であった。あらかじめ電話で取材の趣旨を連絡しておいたので話は早く、着いた日の夕刻からヤシガニとりにでかけた。撒き餌《まえ》がしてあるそうで、ポイントが決まっている。ヤシや南国樹木の自然公園みたいなところのU字溝にその撒き餌がしかけてあった。撒き餌はドッグフードであった。

「えっ、そんなもので」

とやや反応に困っていると、名人はたちまち大きなヤシガニを捕まえた。一キロぐらいはありそうだ。黒ずんで紫色がかった青色、というなかなか複雑で重厚な色をして迫力があるが、動きが遅いのでたちまち捕まってしまう。あちこち動きまわって二時間ぐらいで六匹の収穫。

その夜はさっそくヤシガニの宴だ。といってもあの大きくていかにも実がたっぷり入っていそうなハサミなどは、季節によって中身の充実度がだいぶ違うらしく、その季節はスカスカだった。

　では情報取得不足でこの取材は失敗かというとそんなことでもなく、ヤシガニのいちばんうまいところはハサミではなく腹の部分という。

　男ばかり四人の取材チームだったのでひっくりかえしてすぐに四人全員「ありゃあ！」と同じ感想を述べたのだが、腹部は男の陰嚢《いんのう》にそっくりなのである。

　その部分は胃だの腸だの各種内臓が集まっているそうで、表側の鎧《よろい》のように硬い甲羅とうってかわってそこはブヨブヨ状態だ。こんなものを剝きだしでひきずって移動していたのかお前は。いったい何を考えてんのじゃ、などといいたくなるほど「はかない」光景なのだった。

　しかしそこが「うまい」のだという。

　ボウルのなかにその六匹のヤシガニの臓物を全部出してぐちゃぐちゃにかきまわす。ただでさえいろんな内臓関係がごちゃごちゃになっているのにそれらがさらにかきまわされる。キモチワルイ。これを日本蕎麦の「つゆ」のなかに混入させるのだ。そうしてそのなにやらいっきに濃厚になったつゆで蕎麦を食べる。

「これがのけぞるほどうまい」のであった。いやほんと、濃厚なだけでなく優艶、悦楽といったコトバがまざってもいいと思う。

我々四人、モノもいわずにそのつゆで蕎麦を二、三枚食った。ヤシガニの陰嚢部分（本当は腹腔《ふくこう》部分）にあるのは主に消化器系なのだろうが、エビ・カニ類のワタがうまいように、野生のエビ・カニ類の親戚としては「わしらもやりますぜ」と言っているようだった。

アイスランドの珍肴《ちんこう》ニシオンデンザメ

最近の話をしよう。

二〇一四年、ぼくは北大西洋にポツンと浮かぶアイスランドを旅していた。ここはイギリスからもスカンジナビア半島からも遠い。アイスランドというくらいだから、五月でもほとんどの山には雪があり、巨大な氷河もいたるところにある。

北海道よりやや大きい面積の国に約三十三万人が住んでいる。はるかむかし海底火山が噴火し、その頂上部分に人が住んでいるようなものだから、国土のほとんどは溶岩のころがっている荒れ地である。

北西部のフィヨルド地帯を移動するだけで十日間かかった。フィヨルドというのは人間の手をそれになぞらえると理解しやすい。

手をひろげて全部の指をはなす。この指のふちに道路があってそこをとにかく進んでいく。人さし指のところから海峡をへだてて対岸に小さな街らしいものが見える。そこへいくためには人さし指の付け根のところまでとにかく進み、そこ（中指の付け根）からその先端まで戻るように進んでいく。それだけでまあ二時間。五つの指を全部いくとすると一日では回れないだろう。さしたる街もないし、資金も工法も経済効果もまったくないから指と指のあいだの海峡を渡る橋もないし連絡船もない。

このあたりに世界でもめずらしい「ニシオンデンザメ」という非常に薄気味の悪いサメがいる。

ニシとは北大西洋の「西」である。体長四〜七メートル。時速一〜三キロで世界一泳ぐ速度がノロイと言われている。歩いている人間よりもノロイのだ。

しかもどういうわけかこのサメのでかい目玉の真ん中は必ずといっていいくらいの確率でカイガラムシ系の寄生虫がすみついていて、目玉の真ん中から寄生虫の細長いカラダがぶらさがっているという。だからもちろん何も見えない。

見えない、遅い、という「サメ」のなかでは最低の条件にありながら、胃をひらくとアザラシなどがまるごと飲みこまれているらしい。アザラシというのはのんびりしたやつで、よく海の上で「背泳」スタイルで寝てしまっていることがあり、そういう状態のを狙って食っている、と漁師はいう。

そのあやしげなデカサメ漁の小舟に乗ってフィヨルドの先まで出ていった。いやはや北極海はなかなかのものです。舟から落ちたら確実に死ぬらしいし。

ニシオンデンザメは表皮が象にそっくりで、ヒレも尾もだらんと下がった、見るからにだらしのないやつで、捕まえても舟には乗せられないのでつないで引っ張っていく。クレーンでもちあげるとその肉もぐにゃぐにゃしていて、クレーンで吊るしたまま切るしかない。アンコウの吊るし切りの怪物版だ。肉はそのままではとても食べられない。五キロぐらいのカタマリに切ってどんどんタルにいれ、厚いシートをかぶせて上から漬物石ぐらいの大きさの石をいっぱいのせ、発酵していくのを三ケ月ほど待つ。

発酵するとそれをさらにこまかく切って干す。海鳥やキツネにやられないために防護の網がめぐらされている。

ほどよく完成したやつを食べさせてもらった。これだけの手をほどこすと肉は引き締まり、見たかんじも持ったかんじも「チーズ」そっくりになる。さすがに口のなかにアンモニアの臭いがクイーンと鋭くかすめていくが、海風の「塩味」がついて、なんというかこれはこれで優雅な珍肴なのだった。

スナック感覚で食らう昆虫の素揚げ

カンボジアに慣れるには虫食に慣れるということだ。この国を歩くとわりあいどこでも普通に「食うムシ」が出てくる。

日本の長野県のイナゴとかザザムシなんて可愛いもので、ちょっとした観光地にいくと十代の娘らが、どっさりムシをのせた直径七十センチぐらいのでっかいアルミの盆を頭の上にのせて売りにくる。カラ揚げにしてあるものが多いが、日本ではもうめったに見なくなってしまったタガメが人気だ。タガメはカエルなんかを餌にしている。自分より十倍ぐらいあるようなカエルのやわらかい腹などに吸いつき、腹に穴をあけてカエルの体液をちゅうちゅう吸ってしまう。そういうのに吸いつかれ、アッやめろやめろ！　なんてことすんだ、などと言っているあいだにどんどん自分の体液が吸われてなくなり、意識を失っていくカエルの気持ちといったらどうなのだろうか。

一度ヒマなときにタガメに体液を吸われるカエルの気持ちを考えてみたが、似た思いをしたのはヒルに吸いつかれたときぐらいだ。しかもヒルの場合は神経が鈍麻する麻酔みたいな液体をいったん相手に注入しているので、人間が気がつくのはやられたあとだ。タイでそんなことを経験した。

で、いまはカンボジアの昆虫だ。タガメは煎ってしまうとそのままカリコリ食える。少し匂いがあるがこれは芳香と紙一重らしい。タガメをミジン切りにしてサラダやコメとまぜる料理もある。一味違う、というのだがどう違うか国民性によるらしい。

カンボジアの娘らが売りにくる昆虫は、スナック感覚だ。時期によってはバッタやカマキリもカラ揚げにされていて、ときにカマキリの姿揚げに近いのもあってなかなかのものだ。カマキリはけっこううまい。

モシャモシャという感覚で食える。もっともそのときは向こうの粗雑な焼酎に酔っていたので、思考錯乱効果があったのかもしれない。

クモはそのあたりでとれるのはオオツチグモ科の、人はよくタランチュラと言ったりするがアレとは別ものという。ただし形はたしかにそういいたくなるほど大きい。

これも娘の頭の上のお盆上にいるときは全身カラ揚げにされているから、生前のお姿そのものであり、それが百匹以上山とつまれているのはなかなかの迫力である。人気商品で腹のあたりはイカの味がするとか、エビ・カニ類だとかいろんな人が言う。一匹三〜四円ぐらいなので五匹ほど買ったが、あとでそれを知った通訳のカンボジア人が、ものによってカラ揚げの油は何度繰り返してつかわれたかわからない。劣化した油にアタルと一週間ぐらい起き上がれないモーレツな下痢になる、と脅されてやめてしまった。一生に一度ぐらいのチャンスだろうから「賭《か》け」てもよかったのだが、一週間起き上がれない下痢になったら死ぬのと同じではないか。

タランチュラなどのオオツチグモの仲間には体長十センチ、重さ十グラムなんていう（クモの十グラムはもの凄い重さだ）怪物がいて、これはときに鳥も捕まえて食ってしまうので「鳥食いグモ」とも呼ばれているそうだ。けれど実際に鳥を食っているかどうかははっきりしておらず、せいぜいカエルかトカゲぐらいを捕っているらしい。この場合体液を吸う、などというヘンタイ攻撃ではなくキバとトゲ腕で押さえて口で食うらしい。

上：右端の少女が売り子。ほとんどスナック感覚で買われる
下：体の黒いのがタランチュラに似た大グモのカラ揚げ

アリシャブを試す

つい最近読んだ本に、地球上のすべての人類を合計した重さと、地球にいるすべてのアリを合計した重さはほぼ同じ、と書いてあり、びっくりした。吹けば飛ぶよなアリンコ野郎と言ってられないのだ。

世界の人口は二〇一三年で約七十二億人。人間一人が約五十キロとして、アリ一匹を約一グラムとすると、人間一人＝アリ五万匹。つまり、七十二億×五万匹＝三百六十兆匹くらい、ということだろうか。種類は一万種以上らしい。

世界には肉食のアリがかなりいてシロアリを餌にしているアメリカのハリアリは大きくなると体長三十六ミリにもなるという。これくらいになると人間だって噛まれたら相当痛いだろう。

ペルーのディノポネラという名のアリはやはり三十ミリにもなり別名「恐竜アリ」。ハツカネズミの赤ん坊やカエル、小さな爬虫類《はちゅうるい》を餌にしているらしい。

むかしパラグアイのフェガチニ村でキャンプしたとき、毒蛇を恐れるあまり乾いた草地にテントを張っていたら、うっかり十ミリぐらいの真っ黒なアリの巣の上にテントを張ってしまったらしく全身いちどきに噛みつかれてタラコクチビルになり、痛みが一晩中続いたことがある。アリは襲われているのがわからないぶん蛇より怖い、と思った。

奥アマゾンのワイカ族は名はなんというのか知らないが、十五ミリぐらいの赤黒アリを沢山捕まえてきて一匹つまんでは腹のほうを熱い湯に二、三回ゆさぶるように振って半ゴロシにして食っていた。アリシャブだ。腹のあたりがうまいのだという。ちょっと試したが蟻酸《ぎさん》が強烈でだめだった。

パンタナールでオオアリクイを見たことがあるが、やつらはシロアリ食い専門だ。斧《おの》のように頑丈で硬い両手でコンクリート級のアリ塚（巨大なのは五〜六メートルある）を叩いて隙間をあけ、そこに長い舌を差し入れ、舌のネバネバでとらまえたシロアリを次々に食う。食うか食われるかの瀬戸際にいる原野の生物たちはいかに自分の食物を得るか、ということが生き方の中心になるが、アリというあまり他の生物が捕食しない食餌体質とそれに向いた体をつくって生きのびてきたのは賢い。シロアリを餌にしているのはこのオオアリクイとアルマジロが代表的であるから捕食のライバルが少ない。

でも上には上がいるもので、さっき書いたフェガチニ村の人々はワニとアルマジロを主食にしている。アルマジロはアリの他にも自分の口に入るものはなんでも食ってしまう悪食だが、その悪食生物を食ってしまう人間のほうが上をいっているわけだ。

タイの北部のある粗末な家にやっかいになったとき、スープとチマキのようなものが出てきた。野菜スープにふやけたコメのようなものがかなり入っている。しかし口あたりや味はコメとは違う。聞いたらアリの幼虫だという。ツムギアリ、あるいはサイホウ（裁縫）アリと呼ばれているもので、木の上に大きな巣をいっぱいつくる。巣は葉をくるりと巻いているように見えるので縫っている（裁縫）と呼ばれるのだが実は粘液でくっつけている。十ミリぐらいの非常に攻撃的なアリで、巣にしている木があったら食われないように注意しろと言われたが、その前にこっちが食ってしまったわけだ。うまくはなかったけど。

シカの干物スープというごちそう

ラオスのかなり奥地を旅していたときだ。メコン川の上流域に入っていたので、川のそばに村が点在している。アカ族とかラオ族と呼ばれるネイティブの村だ。彼らはメコン川の魚やナマズをとらえ、山に入って鳥や小生物を捕って食料にしている。

大型の野生生物のときおりの襲撃に備えてたいてい高床式の小屋に住んでいる。年間通じて暑いところだから高床式だと少しは風が通る。同時に蚊もじゃんじゃん入ってくるがそれはまあ慣れていくことで対応しているようだった。

朝飯はどこも篠竹だった。太さ一センチから一・五センチぐらいの細い竹だ。これを皮ごと焼いていくらかやわらかくなるとカワを剝いて岩塩をふって食べる。当然ながらそんなにうまいわけではない。獣なみの丈夫な彼らの生活を見ていると人間というのは強いものだなあ、とつくづく感心するのだ。

山に入って捕ってくるのはキジやリスなどだった。男の子はみんな首からパチンコをぶらさげている。日本人もぼくぐらいの世代までは子供のころに手頃な木の又を切ってきて、そこに細いチューブ管のゴムなどをくくりつけて小石を飛ばしていた。

スズメなどを狙ったが、命中できるやつはほとんどいなかった。

けれどラオスの子供たちはキジやリスをそれで捕ってくる。街道を歩いていると、道ばたに柱をたててコーモリ傘などをくくりつけて日除けをつくり、その下に捕ってきたキジやリスをぶらさげて売っている。コーモリ傘は獲物の腐敗を少しでも防ごうというのが目的だ。あまり人通りはないのでほとんど売れていないようだった。売れ残ったのはその家の夕食になる。

小さな台の上に犬ぐらいの大きさの動物がヒラキになって太陽の光をあびていた。全身をまっぷたつにされて左右対称に開かれ、竹で全体が平らになるよう凧《たこ》のようにしているのだった。

よーく観察したが、なんの動物かわからなかった。犬ではない。顔がとがっている。それを売っている家の人に「これはなんという動物ですか」と聞いた。「カイ」という。シカの仲間らしい。小型のシカである。帰国してよく調べてみたら日本では「キョン」と呼ばれていた。動物園にときどきいる。

その小型シカを天日干しにしているのだ。シカのヒラキといってもいいだろう。

どうやって食べるのか聞いたらスープにするのがいちばんうまい、という。

その夜の自分らの食事に買っていこうか、と思い、さらによく見るとアバラのあたりにウジムシが何匹かいて、干されている肉のあいだをもぐったりまた出てきたりしている。

「ムシがいるよ」

と、その家の人に言ったら「それもいいダシになるんだよ」と、冗談とも本気ともつかない顔で言った。

たぶん本気だったのだろう。とにかく暑いところだから、干し肉と腐敗は紙一重というところだ。

カンボジアの大グモの唐揚げのときもそうだったがこういう医者もいない山奥で腹をこわすと思わぬ苦しみと停滞になるので、シカの干物スープはあきらめた。

犬ぐらいの大きさ。カイと呼ばれるシカのヒラキだ

ラオスの人に聞くと、それはかなりのごちそうだという。体もイブクロも精神もタフでなければやっていけないところを通過するのはいろんな悔恨を残す。

いままで最低の味・エラゴ

毎月、海、川、湖、沼、水たまりを求めて親父十五人前後で釣りにいく。もともとはキャンプ趣味から始まったのだが、そこに集まってくる雑多な親父の行状があまりにもバカ的に面白いので、いま『週刊ポスト』で毎月一回『椎名誠とわしらは怪しい雑魚釣り隊』という連載をやっている。

毎回違ったフィールドに乱入し、立派なサカナやそうでもないサカナ、やばいサカナなど釣ってはたいていごった煮「雑魚鍋」にして食っては意味なくみんなで笑っている。

ぼくが隊長なのだが、そんなに釣りがうまいわけではなくむしろ下手である。運次第。かつてその運でマグロもあげたしカツオの数釣りもした。でも釣れないときは簡単にあきらめて仲間に「いいのを早く釣れ、今夜のおかずにまだまだたりねーぞうー」などと無意味にえばっている。

魚釣りは、狙った魚がいるところにいかに迅速にいくかということと、いかにやつらの好みの餌を発見し、タナ（水深）を見つけるか、というところがポイントである。

理屈はわかっているのだが、そうはいかないときがある。釣り餌でどうしてこんなものをつかわなければならないのだ、とそのお姿を見るだけで女の子みたいに「キャーッ」と言って五十メートルぐらい逃げたいやつがいるのだ。五十メートル逃げたら海の上だ。そやつは「イソメ」「ゴカイ」「イトメ」「ジャリメ」などというぐねぐねヌラヌラ系の多足類である。ミミズはすんなりお肌はきれいだが、あれに三百本ぐらいのぐねぐねうごめく足がついていると想像願いたい。もっともこっちは三百本の足と勝手に言っているけれど、イソメに言わせれば「前から百二十本が手で残りの百八十本が足なのよね。そうしないとこんがらかるけんね。やっぱし」などと言っているのかもしれない。

でもとにかくムカデでもヤスデでも端から見てあんたたち、そんなに沢山の手足はいらないんじゃないの、と思う人もいるでしょう。そうしてこの多すぎる足がそれぞれ動く。イソメに針をつけるときは口の横を親指と人指し指でぐっと強くつかむ。そうするとやつは苦しがって口をあける。その口に針をぶっこむのだが、やつだってそんなに強引にとんがったものを突っこまれたくない。大きさの対比でいえば人間の顔の左右をでっかい生き物にぐっと押しつぶされて息ができないから口をあけたところにモノ干し竿の先端をキリキリにとがらせたようなものをぶちこまれるのだ。そんなのイソメじゃなくとも嫌でしょう。だからやつらは一発で針を口のなかにつっこまないと口の左右にある鎌のような歯で人間の指にコノヤロ！　といって噛みつく。そういう面妖《めんよう》なるものがよく釣れる餌の代表なのである。ぼくが世の中でいちばん苦手なものである。

ところが、あろうことか、このぼくの弱みを聞きつけた雑誌の編集者がいて、なんのかんのといってぼくをたらしこみ、結果的にぼくはこのイソメをナマのまま食わねばならないところに追いやられたのである。東北のほうではイソメの親戚でエラゴというのがいて三百匹ぐらい固まって巣ごと海底にころがっている。エラゴはそこらにある細い管に棲《す》んでいて、普段はメドウサの頭の上の蛇のようにわらわら動いている。これを海底からひきあげて、その一本をひきずりだしナマのまま食ったのである。うーっ！！　くわしい話はまたいつか。

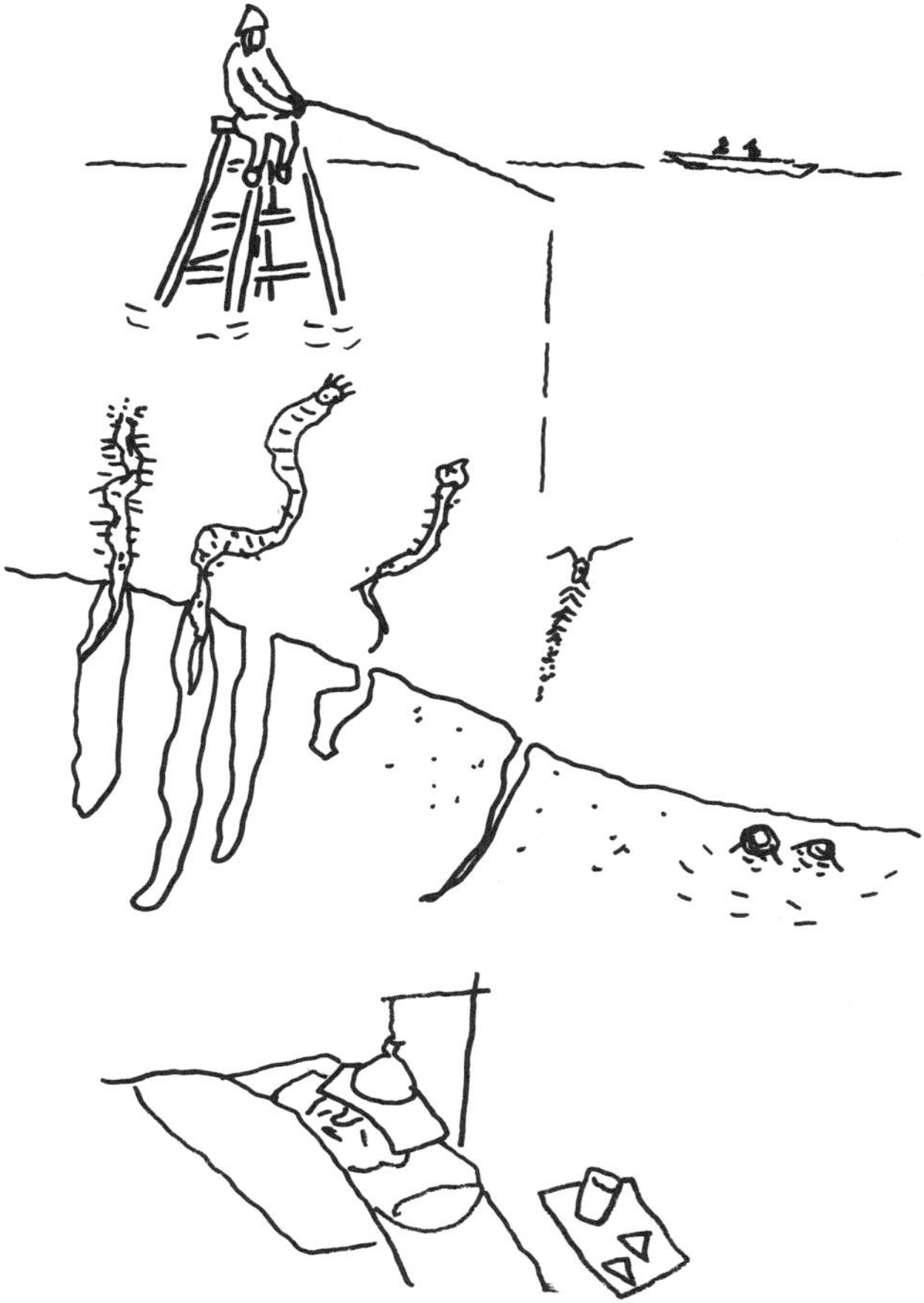

北極圏の「納豆ツバメ」

カナダ、アラスカ、ロシア、ヨーロッパの北極圏はすべて回った。季節や土地によって食い物はさまざまだが、ネイティブに共通しているのはアザラシである。それもナマ肉が普通だ。冬などは、外気よりもとりたてのアザラシの肉のほうが温かいので体を冷やさないからいい、などという。外気温マイナス三十度でなにを言っているのだ、と最初はとまどったが、とりたてのアザラシを海の氷の上にひきあげて解体すると、アザラシは哺乳類だからたしかに素手で解体したほうが手が温かい。

アザラシによってはカワつき脂肪と筋肉のあいだに寄生虫がたくさんいて、それが解体されると生まれて初めて外気にさらされたもんだから、びっくりしてみんなモコモコすごい速さで脂肪と筋肉のあいだにもぐりこんでいく。イヌイットはそれを目にもとまらぬ早さでつかみとるとすぐ食ってしまう。

最初は驚いたが、食物の種類の少ない北極圏のネイティブにとって寄生虫も重要なタンパク系栄養分だ。我々の世界になぞらえれば補助栄養。つまりはサプリメント。元気のいい動き回るサプリメントである。

腸の中身もすする。これも補助栄養の範疇だ。すすめられるままに十センチぐらいすすってみたが「シオカラ」の感触だ。そのあたりのアザラシはタラを食っているので「タラのシオカラ」だ。先入観があるからそんなにうまいわけではないが、ペッと吐き出すほどまずくもない。ただ非常にしょっぱい。

「塩っぱい」と書いたほうがよりリアルだ。

ビールでもあれば少しはイケル肴《さかな》になりそうだが、ドライビレッジ（禁酒地帯）なので、アザラシの腸を肴に氷上宴会というわけにはいかなかった。

北極圏も春から夏にかけて食べ物が豊かになる。どこでもいちばん待ちかねているのが「キビヤック」だ。

氷が消えるころになるとキビヤックが食べられるね、というとネイティブはみんなそれ以上ないという顔になって全身で笑う。かれらの大好物中の大好物なのだ。

キビヤックの原料は海ツバメ（近年、正しくは「ウミスズメ」とされているらしいが、現地ではツバメと言っていた）で、これが飛来してくる季節に丘にのぼって昆虫網をやたらに振り回せばひとつの網に五〜六羽入っている、という濃密さで捕獲できる。

セイウチなどの大きな海獣の腹の中身を出してそのなかにキビヤックをぎっしり入れ、紐でとじて土のなかに埋める。永久凍土に近い地下も春から夏にかけてどんどん温度があがっていき、セイウチも脂を溶かしていく。ぎっしり入ったキビヤックもじわじわ溶けて発酵していく。セイウチの脂とキビヤックの脂がじっくり時間をかけてネトネトに溶けていくのだ。

はじめて掘り出したこれを見たとき、ぼくは「ツバメ納豆」という言葉が頭に浮かんだ。そういえば「越冬つばめ」という歌があったなあ。

もうコーフン状態になっているネイティブの真似をしてこっちも食う準備をする。羽根を全部むしると海ツバメの鳥肌の全身がまるまる手のなかにある。次にそれを両手でものすごい力でモミモミコキコキし、なかの肉や臓物を一体化させていく。骨なども簡単に折れる。

慣れてくるとこのモミモミ時間とその力加減に差が出る。全体が柔らかくなったところで、ツバメの肛門のところを鋭利なものでつついて穴を大きくし、そこにくらいついてなかのものを吸う。迫力に差がありすぎるが、形態としては日本の夏のアイスボンボンの要領だ。味はソフトなウルカのようだった。またもやビールがつくづくほしかった。

マサイ族の生血飲み

　これまで世界のずいぶんいろんな民族を見てきたけれど、友達になれたら面白いだろうな、と思うものの、絶対友達になれないだろうな、いや友達にしてはくれないだろうな、と残念に思うのはアフリカのマサイ族だ。

　ケニアやタンザニアの熱風がはしる草原は常に枯れた草の匂いと動物の糞の臭いがまざっている。そしてそういうところで出会うマサイ族は血の臭いがし、全身から殺気をほとばしらせている。彼らはよく知られているようにみんな長身で二メートルぐらいは普通だ。そして男は必ず穂先のするどく尖《とが》った槍を持っている。向かいあうと少し赤い色のまじった目で睨《にら》みつけられる。それだけで竦《すく》みあがるほどの迫力だ。草原の細い道でそんなマサイ族の男とすれ違うとき、こちらの目がシバシバしてくるほどの殺気を全身からほとばしらせている。そうしてそのとき、はっきり血の臭いを感じるのだ。

彼らが発している全身の殺気はどこからきているのだろうか、ということをじっくり考えたことがある。

人間の感覚や相手にあたえる印象の基本はその人の生活環境から生まれるものらしい。我々日本人のように便利で安全で精神の緊張感をいっさいもたずにすむ環境に身をまかせて怠惰に生きている者には、まず「殺気」が生まれない。きっと「殺気」を発してもしょうがないからだろう。

けれどマサイ族は子供のころから日常的に「死」の危険にとりかこまれている。マサイ族の集落をいくつかたずねたことがあるが、牛の糞と土をこねあわせた家に住み、それらは家々で大きな円形の要塞《ようさい》をつくっている。家と家のあいだの隙間には刺のするどい蔓《つる》植物のようなものをびっしり押しこみ、そういう隙間から危険な動物が入ってこないようにしている。家の入り口も通路（廊下に該当する）も人間ひとりがやっと通れるほどの狭さで、猛獣が入ってこないように工夫されている。

彼らの生活圏の近隣には冗談ではないかと思うほど多くの危険な動物がうろついている。

そういう生活環境を生き抜いていくためにマサイ族ひとりひとりが戦士になっていなければならない。

ほんの少し前まで、マサイ族の成人式は、槍ひとつでひとりでライオンと戦うことだった。ライオンを倒せば一人前。やられてしまえばそいつは「おわり」。さすがにいまは政府や部族によって禁止されているが、その心意気は遺伝子としていまもつながっているようだ。日本の一部のなにかカン違いしているセーネンたちが成人式というとキンキラの羽《は》織袴《おりはかま》なんかで酒飲みくるって大あばれしているのとは精神の違いが大きすぎる。

マサイ族はいまでも生血を飲む。牛の血を飲むことが多いようだが、牛の首の下のだらんと垂れ下がったところにナイフで切り傷を入れ、そこから乳でもしぼるようにして生血を瓢簞《ひょうたん》のような容器に入れる。しばしばそれに乳を入れてまぜる。そうするとイチゴミルクのような色になってうまそうに見えるけれど、飲んでみると鉄の臭いが強烈でけっしてうまいとはいえない。鉄の臭いは血のなかの鉄分そのものなんだろうと思う。

マサイ族の強固な肉体と健康と強靭《きょうじん》な意識はこの「生血」が基本になっているのだろうと確信した。しかし最近のマサイ族はコカ・コーラなんかもけっこう好きだ。

イソギンチャクは食感も「ぐにゃり感」

有明海は遠浅の海なので生物相が豊富だ。この海べりの宿に一泊したとき、いろいろ珍しいものを食べさせてもらった。

呼び方が面白いのは「くつんぞこ」。

方言が少し入っているが「靴の底」のコトであり「舌ビラメ」のことをそう呼んでいるのだから嬉しいではないか。

いぜん都会の「コジャレタ」店で「舌ビラメのムニエルです。フランス料理です」なんて得意そうに持ってくるのを食べたことがあるがうまくなかった。

だいたい素材とフランス料理という組み合わせがあまりよくないんじゃないすかね。

フランス料理というと素材の質素なところを粉飾するためか、いろんな色をしたペンキみたいなソースをどさっとかけるのがそもそも気にいらない。

お前のようにフランス料理の奥の深さがまるっきりわかっていない朴念仁《ぼくねんじん》にフランス料理を語ってほしくない、とむかし自称グルメの同級生に言われたことがある。

でも、ぼくはフランスでいちばんうまいと思ったのはB&Bのたいていの朝食であるクロワッサンとカフェオレだったけどなあ。

舌ビラメの「舌」は当て字なのだろうけれど有明の人々の「靴の底」のほうは見て感じたまんまのようで気持ちがいい。むかしの人は、それを見てお前はまるで靴の〝中敷き〟みたいなやつだなあ、と思ったのだろう。

有明海でもうひとつ楽しく、しかもびっくりしたのは「イソギンチャク」を食うことだった。宿の人に頼んで持ってきてもらった。

白くてけっこう大きなやつで片手で持つとずしりとする。全体がニンゲンのチンポコに似ている。それも力なくだらしなく「のたっ」としている状態のだ。白い色だからことさら情けない。

土地の人はこれを「わけのしんすけ」と呼ぶのだ、と教えてもらった。土地によって方言に微妙な差があるだろうが、これは「若いやつのケツの穴」という意味だという。

それを聞いてますます気の毒になった。イソギンチャクの、海のなかでは触手をひらひらさせている真ん中にある「口」がつまり「若いやつのケツの穴」と言われているのだ。それでもって全体のお姿が力のないだらんとしたチンポコみたいなのだから、本人（イソギンチャクのことね）はもうやる気もなにもなくなるだろう。

でもまあここまできたんだから、地元の人がやっているようにして食わしてもらうしかない。たいがい刺し身で食うという。

「うーん、そうだろうなあ」と見当はついていたが、イソギンチャクの刺し身かあ。

でも焼いたとしても煮つけにしたとしても「うまくないだろうなあ」というもうひとつの見当はつく。

で、その夜のお膳には「わけのしんすけ」の刺し身が出てきた。

ちょっと見、イカの刺し身と見えないこともないが、その姿を見てニンゲンが感じる視覚とそれに連想される味覚というのはウソをつけないもので、イカの刺し身というにはキッパリ感がなさすぎる。

で、ワサビ醤油で食べてみた。やはり全体のぐにゃり感は見たままのものだ。少し舌のあたりと口内がピリピリする。宿の親父に聞いたら、やはり胞子があってそれの小さなトゲが刺さってくるんですかね、とあまり確信感のない解説だった。ゲテモノ感満載でしたね。

「全面ヌル」ノロゲンゲをすする

なんだローカルの海の魚かあなどというと、土地の人が田舎魚なのかといって嫌な顔をするが、そのエリアでは超有名ながら他の土地の人にあまり知られていない「けったいな魚」というのがかなりいる。

求めたわけではないが、ぼくは旅しているとゲンゲ科の魚によく出合う。それもたいていいきなりだ。別にその魚が好きでたずねあるいていたわけではないのだが、いつのまにかその夜のお膳にゲンゲ科のなにがしかのサカナの仲間がいる。

もっともポピュラーというか、季節になるとそれがその地方の代表のようになるのが「ノロゲンゲ」である。淡い褐色をして体長は三十センチ前後になる。流線型で見た感じきれいな魚だ。ついでにうまそう。

ところがとりたてのその生の魚を手でつかんでみると、そこらのなまじっかの魚ではないとすぐわかる。全身ヌルヌルなのである。ウナギもヌルの代表だが、ウナギのほうのヌルはなんというか予想しうるヌル。ゲンゲ科のヌルは初体験のものにはそのヌルヌルになにか得体の知れない「たくらみ」のようなものを感じるのだ。いままで出合ったことのない「全面ヌル」なのだ。

その日、取材で知り合った漁協組合の会長に、いまが旬であんたがた東京の人には一生に一回食えるかどうかわからないチャンスだから念入りに食っていって下さい、と大いに力をこめて座敷にとおされた。「念入りに……」というところにこのオサカナの隠れた特異性がある。

まもなく宿の人が鍋ごと持ってきた。「ゲンゲのお吸い物」はこのあたりでの高級料理という。

朱塗りの立派な椀《わん》のなかにさっき見たノロゲンゲが三切れぐらいになって食べやすく横たわっている。他に具はなにもない。この高級旬の椀は「ノロゲンゲ一本勝負」でいく！という決意と自信のほどがうかがわれる。

なるほどぼくはいい時期におじゃましたのかもしれない、という期待感がふくらんでくる。椀のだしは抑えぎみに高級感があって自慢の郷土料理らしい風格がある。

「これは躊躇《ちゅうちょ》せず主役のゲンゲにかじりつくんです」

組合長は言った。

本人もそうしている。こちらも真似をする。

この切り身の外側にヌルヌルしたものが全面的に張りついています。まずこのヌルヌルを先にすすって下さい。一端をとらえてすすればわけなく全体が剝がれてススレます。ちょうど鼻汁をすすっているのと同じ感じがするでしょう。これがうまいんです。そう言いながら組合長は大きな音で本当に鼻汁をズルズル盛大にすすっているような音をたててすすった。ひえひええ。

そういわれればやれないことはないが、いまの組合長の強烈な鼻汁全面ススリのイメージがあまりにも強烈である。

あんなことを言わなかったら、なるほど面白い順番で食べる魚があるものだなあ、と面白がり、おいしく食べられたような気がするが、あちこちから聞こえるズルズル音はどうも高級料理屋というよりも流行《はや》り風邪の病院待合室のようであった。

このノロゲンゲの仲間に大きくてもっと凶悪な「ババア」というのがいるらしい。むかしは「ジジイ」というのもいたがどの世界も同じようにたちまち「ババア」に駆逐されて絶滅したという。このジジイの話はたぶんヨタだろう。

残酷料理1

残酷料理というものがある。

蛇に関しては「まゆつば」ものだが、よく聞くのは鍋の蓋の穴あき仕掛け。食える蛇を鍋にいれてそのまま煮ていく。鍋の蓋にいくつか小穴があって、湯が熱くなると苦しがってそこから蛇が顔を出してくる、でも体のほうは小穴よりも太いのでそれ以上は出られない。

しばらくして小穴から出てきた蛇の頭をつかまえて引きずりだすと頭と骨だけが出てきて、中身は鍋のなかで煮えている、という話。蛇は小骨が多いのでこれだと骨をとる手間がいらない、というわけだ。

でもこの話はウソだろう。もし蛇にそういう力があって穴から顔を出せたとしても、そうそううまく骨から身がはなれたのをひっぱりだせるとは思えないからだ。

もうひとつ、ドジョウの地獄鍋というのもなんだかあやしい。鍋の真ん中に豆腐とドジョウを入れてじわじわ煮ていく。そろそろ煮えただろうと思って鍋の蓋をあけるとアラ不思議。豆腐はあるが、さっき入れた何匹かのドジョウの姿はまるで見えない。

鍋の水が湯になっていくにつれて、質的に湯よりも温度のひくい豆腐のなかにドジョウたちはみんなもぐってしまっていた。

というのがこの話のオチなのだが、それもありえないだろうと多くの人が言っている。キマジメというかサドっぽいというか実験までした人がいるのだ。

水がどんどん熱くなっていくとドジョウはたちまち弱ってしまい、豆腐のなかにもぐりこんでいく力も知恵もない、というのがコトの真相らしい。

ぼくが実際に見た残酷料理は「鮑《あわび》を生きたまま焼く」温泉旅館などがよくやる定番の見せ物料理。鮑は火の上の平鍋の上で最初はじっとしているが、やがて鍋が熱くなってくるとじわじわ全身を動かし、その振幅が激しくなっていく。やがて苦しそうに身からじゅるじゅる脂のようなものを出し、やがてそっくり焼かれていく。その焼きたてをすぐに食うという寸法だ。

鮑はひっくり返されると自分では動けないから、せめてナナメに身を切なくゆする程度で、この残酷ショーは底意地が悪い。

鮑にとってもっとたいへんなのが済州島《チェジュド》名物「あわび粥」の鮑だ。

これはきわめて独特。まず鮑を殻から剝がし、全体を塩とタワシでよく洗う。塩によって鮑は全身が硬くなるが、それを利用して大きなおろし金でこすっていく。

鮑はまだ生きているわけだから、頭のほうからなのか下半身のほうからなのかよくわからないが、とにかく全身がおろし金によって擦りおろされていくわけなのだ。

鮑に口がきけるのなら「あっコラ！　なんてことすんだ」「あっ、あっ、体がどんどん小さくなっていくじゃねーか」などといって怒りまくっている筈だ。

おろし金をつかわずに包丁で細かく切っていく店もある。どちらも生きているままだから全身スリオロシと全身コマギレということになる。どう苦しいのか聞いてみないとわからないけれど。

残酷料理2

季節になり山にタケノコがいっぱい生えてくるころに「もっとも新鮮でやわらかいタケノコ焼き」をつくってくれたマタギがいた。地上から二十センチぐらい伸びてきたタケノコのまわりを落ち葉や枯れ枝などで覆い、火をつけて焼いてしまう。そのあいだ五分ぐらい。時間の加減を間違えると全部焼いてしまって、もともこもないから神経をつかうそうだ。

生きたままの「これからのタケノコ」を地面から立ったままの状態で焼いてしまうのだ。さっと焼けたタケノコのまわりの皮を剝《は》がすとタケノコのいいかおりが漂ってくる。もともとこのくらいのタケノコは外側のカワもやわらかいが、焦げあとがついているカワを剝がして味噌《みそ》をつけて「すまぬ、すまぬ」といいつつ内皮ごと食べる。やわらかくて香ばしいが、やはり常に罪悪感がつきまとう。

外国人がたいてい基本的に嫌悪感を抱く日本の残酷料理のナンバー1は魚料理だ。世界では生魚（刺し身）を食う民族はきわめて少ない。カルパッチョなどの半生料理やアメリカで大人気の「スシ」などがあるが、アボカドを巻きこんだり、エビの唐揚げを挟んだりして、まだどこか及び腰のところがある。

一流寿司屋のようにすべてまともにフツーの寿司を提供をしていればやがて世界の人に日本の伝統料理としてなじんでいく方向にあるのだが、ここに勘違いの日本の店が登場する。地方の大きな観光旅館などが宴席にどうだとばかりに「姿造り」というものを出す。鯛の姿造りなどといったらたしかに立派だ。しかしよせばいいのに経営者だか板前だかわからないがここにつまらない細工をする。

生け簀《す》のあるところがよくやる。魚をさばくときに心臓とその周辺をとらないで半身だけ削いでおいて水槽にまた入れるのだ。心臓と半身をとっていない魚はたぶん「なんかへンだな」と思いつつ条件反射のようにして泳いでいる。

イキのよさを演出しているのだろうが残酷料理をとおりこして怪奇グロテスク料理で、

外国人がいちばん日本人を誤解する。日本の「サシミ」はあのようにして食べるのか、と思ってしまうのだ。

中国の大飯店で大きな川魚の目のところに電池式の豆電球をはめこみ、これをピカピカさせてうやうやしく食卓に運んできたときは間抜けすぎてマンガみたいだった。もはや嫌悪感はなかった。

ベトナムの新鮮カエル料理は、生きたカエルのどこか一ケ所にハサミを入れて調理人が指をそのなかに入れて上手にクルリと反転させるとカエルのカワがそっくり脱げてしまう。ヌイグルミみたいなのだ。

カエルはまったくカワを剝がされたコトに気がつかないようで「なんか急に寒くなったみたいだな?」などとも言わずにキョトンとしたまま唐揚げにされる。

砂カエルの水分

オーストラリアのブッシュは慣れない者には相当にきつい。乾ききった大地。ところどころに立ち枯れているようなまばらな木、やはりところどころに埃《ほこり》にまみれたような精気のない植物の小さなカタマリ。

砂漠にもいろいろあってゴビのように小石まじりの乾いた大地が延々と続く不毛の世界。サハラやナミブのように砂のつらなる、見たかんじいちばん砂漠らしい砂だらけの世界。どちらも生命の数は少ない。適応したものしか生存しきれないからだ。

オーストラリアのなかほどは、砂漠とはいえ植物やカンガルーなどの生物がいるが、この中途半端に草木や生物がいるとハエが異常に発生する。オーストラリア内陸部はアウトバックというが、いってみて「そんなハナシ聞いていなかったぞ」と閉口するくらいハエがいる。ハエだらけ。それが人間の目、鼻の穴のまわり、唇を集中して攻めてくる。人間の体の剝きだしになったところがいちばんしめり気があるからだ。つまりハエもこの内陸部の極端に水分のない過酷な乾燥世界を必死に生きている。

でもどの世界にも強い人間がいて、この砂漠に定住しているアボリジニという民族がいる。彼らに聞いた話は強烈で、そして感動的だった。水分はブッシュのなかから探す、というのだが、地下水などという甘美なものではなく、地下生物から水分を得るのだ。定住場所によって若干違ってくるが、ぼくが取材した民族はまず「砂カエル」をとっていた。ブッシュの生物はたいてい暑さを逃れるために地下十センチぐらいのところにいる。

砂カエルはピンポン玉ぐらいの大きさで、それは簡単に見つかる。掘りだすとアタマを下にして空中に持ちあげ、自分の口の上にカエルの口を持ってきて、そこでカエル全体をムギュッとしぼる。カエルの体のなかの僅《わず》かな水分が垂れてくる。目薬のヒトタレ、フタタレぐらいのものだが、それでも立派な水分なのだ。

カエルを捕まえるとそうするのが条件反射のようになってしまっている、と言っていたが、最近の若者のあいだではすたれつつある、という。「まったく……」という老人の嘆きはどの世界にもあるのだ。

誰にでも人気なのはコウモリ蛾《が》の幼虫であるウィッチェティ・グラブだ。主にゴムの木の根元に沢山いる。人間の親指ぐらいの大きさだが、これを見つけると彼らは先を争ってつかまえる。はしっこい子供はとらえたそれを束ねて紐でしばり、腰にぶらさげておやつがわりにときおり口のなかにほうりこむ。

口のなかで皮膜の裂ける音がしてなかから出てくる溶液が甘くて水分豊富でたいへんうまい。全体が「とろける」という感じで、エビの味に似ている。栄養もかなりあるだろう。最初はギョッとするが砂をよく払っていっぺんに口のなかにほうりこんでしまうのが要点だ。

お世話になったアボリジニのその日の夕食は砂トカゲだった。主婦二人で鉄の棒で協力して砂のなかからひっぱりだす。尾までいれると八十センチはある立派なやつだ。殺したこれを砂のなかにもう一回埋め、その上で焚き火をする。

アボリジニの主婦はマッチ一本で焚き火をつくらなければいけない。この蒸し砂トカゲは鶏のササミを蒸したやつに似てなかなかうまかった。醬油があれば文句ない。

メインディッシュは砂トカゲの丸蒸し

最悪なるもの（あとがきにかえて）

いやはや、こんなものを読んでいただいてどうもありがとう。

まあ、たいていおとっつぁんが読んでいる「東京スポーツ」という、なんでもありの夕刊新聞のコラム連載が初出だったので、あまりお上品にかまえてもしょうがないから、こっちも書きたいようにトバしてしまった。

で、「あとがき」だ。本当は二ページぐらいで済ませるつもりだったのだけれど、ドタンバで本文を一話分削除してしまったので、そのぶんページがあいてしまった。だからちょっと長い「あとがき」を書かねばならなくなった。そこで我も考えた。

最後ぐらいは少しウツクシイものを書いておきたい。食べ物の話で終わっているから食後のデザートだ。でも考えてみたら、デザートだけでも「ひゃあ、こんなものを！」というモノが世界にはいくつもあったのだ。

たとえば本文でも書いたオーストラリアのアボリジニは、カエルや砂トカゲを食べたあとに、ある種の木についている寄生コブの中身を食べる。順番でいうと、それはまさしく彼らのデザートだった。寄生コブとは「虫コブ」である。まだ口をあけていない「ザクロ」の実を想像していただきたい。形は少し小さいが色といい表皮の質感といい、そっくりである。

それを力をこめて両手で割る。中には小さな（アリよりも小さな）虫がいっぱい入っていた。何かの幼虫なんだろう。イメージとしては佃煮の「アミ」に似ていた。これを指でつまんで食べる。ちょっと苦いがおいしいらしい。

「からだにいい」

と彼らは言っていた。全体がもぞもぞ動いている虫であるから、ぼくから見たら「からだにわるい」ように思えたが、彼らから見たら日本人が食べている「ぜんざい」とか「納豆」なんかのほうがよほど気持ちがわるく「からだにわるい」と思うかもしれない。第一、「粒が大きい」し、納豆ときたら全体が糸をひいているわりには動いていない。あの糸ひきのかたまりを見ただけでキャアと言って全速力で逃げてしまう可能性がある。

食文化の位置とか価値というものはこのようにまことに相対的であり、基本は排他的。この世界には「絶対」というものはないのだ。

たとえば「ごはん」である。炊きたてのふっくらごはんは日本人だったら、みんな「おいしそう」と思うだろう。あつあつのたまごかけごはんなんか最高だ。しかし、そう思う民族は限られている。ごはんが冷えて「おにぎり」とか「おむすび」になっても我々は別の観点と感覚で「おいしそう」と思うだろう。

でも世界中のヒトがそう思うわけではない。ごはんの存在自体をそう思うわけではなかったりするからだ。

たとえばモンゴルだ。ぼくはこの国に十年ぐらい通ったが、最初の頃はまだ社会主義国としてソ連衛星国の一角であった頃、ゴビ砂漠近くの辺境に行った。食堂などは一〇〇キロ四方にない場所と聞いていたので、キャンプ地で作った朝めしの残りを「おにぎり」にして持っていった。塩むすびだ。

ラクダの遊牧民をたずねて取材をした。昼時になり、その「おにぎり」を出したら、彼らは一瞬目を大きく見開き、ほとんどのけぞりそうになった。

最初はなんでそんなに「おにぎり」を恐れるのかまるで分からなかったが、ゴビ砂漠に近い辺境に暮らす遊牧民は「ごはん」を見るのがそれがはじめてのコトであったらしい。手の中で「かたまり」になったそれを見て彼らが最初にイメージしたのは、死んだ「うじむし」のカタマリだったらしいのだ。

いろんな動物を扱っている彼らは「うじむし」は日常で見慣れている。日本人はそんなものを食べるのかと、とにかくびっくりしたようであった。

あれから三〇年近くになる。いくら辺境の地の遊牧民でも、もう「ごはん」を見てびっくりすることはないだろうが、でもごはんだけを固めてある状態を見ている他国の人はあんがい少ないように思う。

ご存じのように世界の多くの国の人が目にしているのはインデカ米で、これは炊いても蒸してもパラパラになるだけで、ウルチ米のおにぎりのようにごはんだけで固まることはない。できないといったほうがいいだろう。

情報が一定エリアに限られているところでは、これまであちこちでそのようなとんでもない誤解が引き起こされていたのでないかと思う。

いやはや、最後のところでは少しウツクシクいこう、と思っていたのだがやっぱりとんでもないことになってしまった。

気をとりなおして、一番近い時点で行ったアイスランドの話にするか。この国の話は世界一のろくて臭い鮫、ニシオンデンザメについてだった。

でもアイスランドは世界一幸福と言われている国で、風景も美しくて食べるものもおいしい体験をいっぱいした。その話を書いておけば大丈夫だろう。

まず、水だ。本書では触れなかったが、世の中で一番「おいしい」のは水である。そして生物にとって一番大切なものも水だ。

二十一世紀は「水戦争」の時代、と言われている。明日自分が飲む安全な（飲める）水がしっかり確保されているかどうかわからないストレスにみまわれている人々は、世界に二十六億から三十億人ぐらいいると言われている。砂漠の多い国、川の少ない国、水が安定して供給されない国（日本は梅雨と台風が定期的にやってくる恵まれた国だ）。

だから、近い将来、水の供給の少ない国が水のたくさんある国を攻撃し、水を得ようとするようになる、と予想されており、現にそういう事態が世界各地で起きつつある。世界の国々のなかでこういう水不足のストレスのない国は限られつつある。

そのアイスランド。カナダ、ブラジル。そしてインドネシア、ノルウェイ、日本。これらの国々は良質な水（軟水であり、ミネラル豊富）が自然環境から安定供給されている。それぞれの国を見て、そのことを強く感じた。本書のこの食と糞便の話の基本になるものも「水」である。水がなければ、体に入れるにしても出すにしても、どっちもどうしようもない。

この本で書き忘れたのは「いい水」と「悪い水」についてだった。しかし本当を言うと書き忘れたわけではない。水についてはすでに一冊にまとめた。『水惑星の旅』（新潮選書）という本だ。真面目な本である。だからここでは敢えて触れなかった。

「いい水」は、おいしい水というばかりではない。からだに悪い水が、最近地球にいっぱい増えてきた。

言うまでもなく、汚染水である。この本の中で触れた汚染はせいぜい糞便やそれに付随する寄生虫程度だった。日本はかつてカドミウム汚染、水銀汚染の水を川にたれながした。

でもご存じのように汚染水の中でも最悪なのは「放射能汚染」である。これは汚染の度合いが通常は目に見えない。そして百年や千年ぐらいの地球時間ではまったく清浄化しない。元に戻らない。億の年数をかけても汚染元素の一部が半減するだけ、などというとんでもない性質のものもある。タチが悪いのだ。

日本はそのあってはならない汚染を犯してしまった。いまは（政府などの）関係者は口を拭って、もう忘れたようなフリをしているが、この汚れた水こそ、奇食珍食のはるか上をいく、地球生物を侵す悪魔のような最悪の「怖い」存在だということを最後に書いておきたい。

奇《き》食《しょく》珍《ちん》食《しょく》　糞《ふん》便《べん》録《ろく》

集英社新書〇七九八N

二〇一五年八月一七日　第一刷発行
二〇一六年六月一五日　第三刷発行

著者……椎名《しいな》　誠《まこと》

発行者……加藤　潤

発行所……株式会社集英社

東京都千代田区一ツ橋二-五-一〇　郵便番号一〇一-八〇五〇

電話　〇三-三二三〇-六三九一（編集部）
〇三-三二三〇-六〇八〇（読者係）
〇三-三二三〇-六三九三（販売部）書店専用

装幀……新井千佳子（ＭＯＴＨＥＲ）

印刷所……大日本印刷株式会社　凸版印刷株式会社

製本所……株式会社ブックアート

定価はカバーに表示してあります。

ISBN 978-4-08-720798-9 C0239

椎名　誠（しいな　まこと）

一九四四年東京都生まれ。作家。写真家、映画監督としても活躍。著作に『風景は記憶の順にできていく』（集英社新書）、『三匹のかいじゅう』（集英社）、『アイスランド　絶景と幸福の国へ』（日経ナショナルジオグラフィック社）、『ぼくは眠れない』（新潮新書）、『孫物語』（新潮社）など多数。「椎名誠　旅する文学館」（http://www.shiina-tabi-bungakukan.com/bungakukan/）も好評更新中。